# CORRETORES DE IMÓVEIS
## EMPREGADOS OU AUTÔNOMOS?

**RODRIGO ARANTES CAVALCANTE**

*Sócio fundador do Escritório Do Val & Cavalcante Sociedade de Advogados, Advogado militante. Pós-graduado em Direito do Trabalho e Processo do Trabalho pela Faculdade Damásio de Jesus. Pós-graduado em Direito Público: Tributário pelo Centro Universitário Salesiano de São Paulo, Professor em Cursos Jurídicos. Autor da obra: Manual de Iniciação do Advogado Trabalhista, Editora LTr. Ex-professor assistente do Curso Damásio de Jesus, ex-estagiário do Tribunal Regional do Trabalho da 2ª Região, ex-estagiário da Fundação de Proteção e Defesa do Consumidor (Procon). E-mail: rodrigo_arantes@ig.com.br*

**RENATA DO VAL**

*Sócia fundadora do Escritório Do Val & Cavalcante Sociedade de Advogados, Advogada militante. Corretora de imóveis, atualmente não atuante, inscrita no CRECISP, Pós-graduada em Direito do Trabalho e Processo do Trabalho pela Faculdade Damásio de Jesus. Pós-graduada em Direito Público: Tributário pelo Centro Universitário Salesiano de São Paulo, Professora em cursos jurídicos. Palestrante, autora da obra: Manual de Iniciação do Advogado Trabalhista, Editora LTr. Ex-professora assistente do Curso Damásio de Jesus, ex-estagiária do Tribunal Regional do Trabalho da 2ª Região, ex-estagiária do Conselho Regional de Medicina de São Paulo (CREMESP). E-mail: renata_doval@yahoo.com.br*

# CORRETORES DE IMÓVEIS

## EMPREGADOS OU AUTÔNOMOS?

LTr®

LTr®

**EDITORA LTDA.**



Rua Jaguaribe, 571
CEP 01224-001
São Paulo, SP — Brasil
Fone (11) 2167-1101
www.ltr.com.br

Produção Gráfica e Editoração Eletrônica: RLUX
Projeto de capa: FABIO GIGLIO
Impressão: PIMENTA GRÁFICA E EDITORA

LTr 5142.5
Janeiro, 2015

Dados Internacionais de Catalogação na Publicação (CIP)
(Câmara Brasileira do Livro, SP, Brasil)

Cavalcante, Rodrigo Arantes
Corretores de imóveis : empregados ou autônomos?
Rodrigo Arantes Cavalcante, Renata Do Val. — São Paulo :
LTr, 2015.

Bibliografia.
ISBN 978-85-361-3211-2

1. Corretores de imóveis 2. Corretores de imóveis —
Leis e legislação — Brasil 3. Direito do trabalho I. Val,
Renata Do. II. Título.

14-12709 CDU-34:331(81)

Índice para catálogo sistemático:

1. Corretores de imóveis : Direito do trabalho
34:331(81)

*Dedicamos este manual aos nossos pais, Francisco Vieira Cavalcante e Maria José Arantes Cavalcante, Luiz Carlos Do Val e Sonia Marcos Do Val, pelo estímulo, apoio e compreensão. Ainda, em memória de Elza Silvestre Arantes, avó querida e estimada.*

# SUMÁRIO

# APRESENTAÇÃO

Esta obra é destinada aos profissionais da área trabalhista, advogados, magistrados, promotores, bacharéis, estudantes de direito, bem como aos corretores de imóveis, trazendo as principais nuances jurídicas desta profissão.

Na atualidade, a profissão de corretor de imóveis vem ganhando força no mercado de trabalho ante o crescimento do setor da construção civil, como é possível verificar em diversos meios de comunicação. Contudo, muito pouco se discute sobre a questão jurídica destes profissionais que trabalham, por vezes, em extensas jornadas, e excluídos do regime jurídico que aos corretores deveria ser aplicado.

Por tais razões este livro elucida e discute questões relevantes sobre o tema contrapondo a Lei n. 6.530/78, com a forma autônoma da prestação dos serviços e a configuração do vínculo de emprego a estes profissionais aplicando-se, no caso, a CLT.

Nesta obra o leitor irá examinar questões práticas na solução de casos, julgados sobre o tema e a legislação aplicável, e, sobretudo, a diferenciação prática de ambos os profissionais: os corretores realmente autônomos e os corretores com vínculo de emprego, bem como a questão da "zona grise".

Além das questões anteriores, são abordados os prazos para ingressar com ações, a competência da justiça do trabalho ou cível, a forma de remuneração, a forma de cobrança dos honorários/comissões, os prazos para a cobrança, o momento em que os honorários passam a ser devidos, entre outras questões que envolvem estes profissionais.

Dessa forma, esperamos ter auxiliado aos advogados, magistrados, promotores, estudantes de direito, como também aos corretores de imóveis que querem informar-se sobre o assunto, aperfeiçoando-se em sua profissão.

# I

# QUESTÕES PRELIMINARES SOBRE A PROFISSÃO

## 1.1. DA LEI N. 6.530/78

A Lei n. 6.530, de 12 de maio de 1978, regulamenta a profissão dos corretores de imóveis, disciplinando também o funcionamento dos órgãos de fiscalização CRECI (Conselho Regional dos Corretores de Imóveis).

Segundo a citada lei, para o exercício da profissão de corretor de imóveis é necessária a formação, em nível técnico, no curso de transações imobiliárias, sendo que nos dias atuais já encontramos a formação inclusive em nível superior para tal profissão.

Esta lei se aplica aos corretores de imóveis, tanto pessoas físicas como jurídicas imobiliárias, e empresas intermediadoras de bens imóveis, sendo que estas deverão ter uma pessoa física (corretor de imóvel) em seu comando.

Esta legislação também traz em seu texto algumas vedações éticas dos corretores de imóveis.

Contudo, em nenhum momento tal lei proíbe ou veda que o corretor de imóveis seja contratado em regime CLT, ou faz menção de poder ser somente um profissional autônomo.

Entendemos que, mesmo que a lei proibisse a contratação dos corretores por meio de registro em CTPS, deveria ser observada a realidade e não a forma empregada em eventual contrato, ante o princípio da primazia da realidade, sendo que, do nosso ponto de vista, uma eventual lei que dispusesse a contratação dessa forma, seria inconstitucional.

Inclusive, a jurisprudência já se posicionou no sentido de que a Lei n. 6.530/78 não proíbe em nenhum momento a configuração do vínculo de emprego, conforme observa-se no trecho que segue do V. Acórdão relatado pela Eminente Desembargadora Dalva Amélia de Oliveira, nos autos do processo n. 0001337-17.2010.5.01.0003, proferido pela 3ª Turma do TRT da 1ª Região em 21.3.2012.

"(...) A Lei n. 6.530/78, que regula a profissão de Corretor de Imóveis, e o Decreto n. 81.871/78, que a regulamenta, não estabelecem vedação alguma à existência de vínculo empregatício entre o corretor e uma Pessoa Jurídica, cujo objeto seja oferecer e comercializar imóveis, como no caso da ré (fls. 248 e 266) (...)"

No mesmo sentido segue a ementa de um julgado do TRT da 3ª Região.

"CORRETOR DE IMÓVEIS. CONTRATAÇÃO DE FORMA AUTÔNOMA. PRESENÇA DOS PRESSUPOSTOS DA RELAÇÃO DE EMPREGO. FRAUDE. Uma vez comprovada a presença dos pressupostos da relação de emprego, notadamente a não eventualidade e a subordinação jurídica, há que se reconhecer a nulidade do contrato de prestação de serviços autônomos firmado entre corretores de imóveis e a ré e, por conseguinte, o vínculo empregatício, não havendo óbice na Lei n. 6.530/78 para tanto." (TRT 03ª R. — RO 156/2010-134-03-00.0 — Rel. Des. Marcelo Lamego Pertence — DJe 30.11.2010 — p. 106).

No mais, na obra do saudoso Amauri Mascaro do Nascimento — Curso de Direito do Trabalho — o doutrinador, ao tratar das profissões regulamentadas dispõe:

> "As regulamentações profissionais em sua grande maioria dão normas de exercício da atividade profissional. Aplicam-se como exigências legais para que alguém possa ter a profissão a que se referem. Assim, são válidas para trabalhadores autônomos. No entanto, quando estes profissionais exercem suas atividades mediante subordinação, continuamente, e como assalariados, sendo empregados, aplicam-se-lhes as mesmas normas, desde que compatíveis, mais os direitos gerais de proteção a todo o empregado."(1)

Assim, no momento da configuração da natureza jurídica de um determinado profissional, deve-se considerar o princípio da primazia da realidade para que se possa enquadrar o profissional como autônomo ou como empregado, aplicando-se, neste último caso, a CLT, não sendo a simples assinatura de um contrato que determinará se um corretor é autônomo ou empregado, mas sim a realidade dos fatos.

Nesse sentido, já decidiu a 5ª Turma do C. TST:

"VÍNCULO DE EMPREGO. CARACTERIZAÇÃO. A circunstância de que a profissão de corretor de imóveis possa ser exercida de forma autônoma não é condição jurídica que impeça o reconhecimento de vínculo de emprego, uma vez comprovados, como se dá na presente demanda, os seus elementos fático-jurídicos essenciais, inscritos nos arts. 2º e 3º, da CLT. Não conhecido." (PROCESSO: RR — 10800-69.2006.5.17.0005. Data de Julgamento: 1º.9.2010. Relator Ministro Emmanoel Pereira, 5ª Turma, Data de Publicação: DEJT 10.9.10).

Portanto, a Lei n. 6.530, de 12 de maio de 1978, é de suma importância para os corretores e profissionais que cuidam das peculiaridades da profis-

(1) NASCIMENTO. Amauri Mascaro. *Curso de Direito do Trabalho*. 27. ed. São Paulo: Saraiva, 2012. p. 975.

são por questões administrativas e éticas, porém nunca desconsiderando a verdade real, já que poderemos ter outros institutos legais aplicáveis ao profissional, inclusive a CLT — Consolidação das Leis do Trabalho —, que não é obstáculo para aplicações éticas trazidas na referida lei.

Um exemplo similar da possibilidade do vínculo de emprego a profissionais inscritos em órgãos de classe é a profissão dos advogados, sendo que estes também devem ser inscritos em seu órgão de classe, a Ordem dos Advogados do Brasil, sujeitam-se a legislação ética, qual seja, a Lei n. 8.906/94, e também podem ser profissionais autônomos ou empregados celetistas conforme os requisitos contidos na CLT.

## 1.2. DA INSCRIÇÃO NO CONSELHO DE CLASSE — CRECI

A profissão de corretor de imóveis é fiscalizada por um órgão de classe que é uma autarquia, qual seja, o CRECI — Conselho Regional dos Corretores de Imóveis. Tal entidade de classe inscreve os profissionais em seus quadros, após estes preencherem certos requisitos, como a conclusão de curso técnico na área.

Neste item o que se discute é a possibilidade do labor como corretor de imóveis sem o respectivo registro no órgão de classe e as consequências quanto as verbas decorrentes deste contrato.

Primeiramente é importante mencionar que defendemos a tese de que a profissão de corretor de imóveis perante a sua importância atual na sociedade deve realmente ser fiscalizada e seus membros inscritos em órgão de classe para evitar pessoal desqualificado, sem o mínimo conhecimento técnico, o que poderia causar inúmeros problemas nas relações de consumo e contratuais.

Nota-se que a compra de um imóvel, na grande maioria das vezes, retrata a realização de um sonho para o adquirente, tornando fundamental a importância da profissão do corretor de imóveis, devendo tal profissional, ao nosso ver, ser inscrito no seu órgão de classe, após estudos específicos de formação.

Contudo, sabemos que muito embora o profissional deva ser inscrito no órgão de classe como determina a lei, existem no mercado inúmeros pseudos "corretores de imóveis", exercendo a profissão sem o registro no órgão competente, mesmo com a árdua e atuante fiscalização do órgão de classe.

Estes "profissionais" (não inscritos no CRECI) muitas vezes comercializam imóveis, firmam locações, administram e geram bens, desrespeitando a legislação, seja de forma autônoma ou com vínculo de emprego, dispensando muitas vezes sua força de trabalho para uma imobiliária e/ou construtora. Em virtude disso, realizamos a seguinte indagação: Por ter infringido a lei, trabalhando sem registro, o "pseudo corretor" exerceu ilegalmente a profissão e por tal razão seu contrato é nulo e indevida qualquer verba? Ou, embora ausente o registro no órgão de classe, este profissional dispôs de sua força de trabalho e mesmo ocorrendo falta de ética ou eventual contravenção, será resguardado a ele direitos mínimos trabalhistas e/ou contratuais?

Na jurisprudência e doutrina atual encontram-se as duas teses defendidas. Há aqueles que defendam a nulidade total do contrato, além de eventuais penalidades penais e/ou administrativas, enquadrando o trabalho como ilícito, e outros que defendam o pagamento de honorários ou direitos trabalhistas independentemente de penalidades éticas ou penais, podendo ser realizado o "trabalho proibido".

Da mesma forma que a corrente majoritária, defendemos a tese de que mesmo havendo infrações administrativas ou penais, se a força de trabalho foi despendida, seja de forma autônoma, ou como empregado, serão devidos os consectários deste labor, nada obstando, sendo os direitos reconhecidos judicialmente a expedição de ofícios pelo magistrado se assim entender aos órgãos de classe ou ao Ministério Público para verificação de qualquer irregularidade primando estes, os magistrados, pela boa ordem nas relações, contribuindo para aplicação das leis e fundados no seu livre poder de direção do processo.

Sobre a possibilidade de reconhecimento de vínculo de emprego, mesmo sem o registro no CRECI, pedimos licença para transcrever a ementa abaixo:

> "VINCULO DE EMPREGO. CORRETOR / VENDEDOR DE IMÓVEIS. POSSIBILIDADE. É possível o vínculo de emprego entre o vendedor/corretor de imóveis com imobiliária desde que provados os requisitos do art. 3º da CLT, especialmente subordinação ao gerente da imobiliária **e, ainda mais, quando o vendedor de imóveis não possui registro no CRECI.** Vínculo de emprego reconhecido." (Recurso Ordinário da 66ª Vara do Trabalho de São Paulo-SP. Processo TRT/SP n. 01158200806602003 — 15ª Turma). (Grifo nosso).

É importante mencionar, como discorrido em linhas anteriores, que vem sendo admitido o vínculo de emprego daquele corretor que não possui inscrição no órgão de classe, porém parte da jurisprudência, como a descrita em seguida, deixa consignado que a reclamada deve anotar a CTPS como "vendedor", porque não há como, em tese, registrá-lo como corretor de imóveis por não ser inscrito no CRECI. Assim sendo, pedimos licença para transcrever trecho de acórdão que se posicionou desta forma.

> "(...) Fato inexorável é que a Reclamante não poderia formalizar qualquer negociação que não fosse pela Reclamada, já que não possuía CRECI. Portanto e por óbvio, a Reclamante atuava na intermediação de vendas de imóveis da Reclamada, não podendo ser enquadrada como corretora de imóveis autônoma.

Assim, presentes os requisitos dos arts. 2º e 3º, CLT, não merece reparo algum a R. Sentença, no quesito em análise.

De fato, **quanto à anotação em CTPS, a função de corretor é própria daqueles que se enquadram nos termos da Lei n. 6.530/78, de maneira que merece reforma parcial, para que conste a anotação como sendo vendedora**. Nessa esteira, com relação aos direitos decorrentes das convenções coletivas colacionadas à inicial, não se aplicam ao caso vertente, na medida em que a Reclamante, repito, não estava enquadrada como corretora de imóveis. Assim, reforma-se a R. Sentença, também, para excluir da condenação a aplicação das normas coletivas, bem como o pagamento de biênio, auxílio-refeição, multas convencionais, inclusive pela falta de registro em CTPS (...)" (TRT da 15ª Região. Processo n. 02045-2007-067-15-00-0 RO. Vara de Origem 4ª Vara do Trabalho de Ribeirão Preto. Relatora Luciane Storel da Silva). (Grifo nosso).

No nosso entendimento, com razão estão aqueles que acreditam que a função de vendedor é gênero, da qual tem como espécie diversas formas de vendedores, entre eles os corretores de imóveis.

Assim, orientamos que os advogados, no momento da assinatura de prestação de serviços advocatícios com o "corretor de imóvel", e antes do ingresso de demanda caso o cliente não seja inscrito no órgão de classe, informem os riscos do processo, como, por exemplo, a possibilidade de instauração de processo penal ou a expedição de ofícios, além de eventuais riscos da demanda como a improcedência da mesma que pode ocorrer em qualquer processo.

Dessa forma, para que o advogado se resguarde é necessário que consigne expressamente essa possibilidade a seu cliente, evitando qualquer problema futuro. Nesse sentido:

> *"Por tal orientação e como lógica conclusão, aquele que exercer a intermediação imobiliária sem estar devidamente inscrito no CRECI, poderá vir a ser apenado penalmente e com base no art. 47 da LCP, submetendo-se, eventualmente às penas nele contidas."*[(2)]

Segue jurisprudência de corretor de imóveis (autônomo) que buscou na justiça cível o percebimento de comissões mesmo não sendo inscrito no órgão de classe.

"CORRETAGEM. INTERMEDIAÇÃO DE VENDA DE IMÓVEL RURAL. COMPROVADA. INSCRIÇÃO NO CRECI. DESNECESSIDADE. COMISSÃO DEVIDA. **É desnecessário o registro no Conselho Regional de Corretores de Imóvel CRECI para legitimar a cobrança da comissão devida em razão de contrato de corretagem**. Comprovada a intermediação pelo autor no atinente à venda do imóvel, faz jus à remuneração devida pelo trabalho desenvolvido. Contudo, pelo que se deprende dos autos, já foi alcançada ao corretor a remuneração pactuada, de modo que improcede o pleito deduzido na

---

(2) COLTRO, Antônio Carlos Mathias. *Contrato de corretagem imobiliária*. 3. ed. São Paulo: Atlas, 2011. p. 71.

vestibular. DESPROVERAM O APELO." (Apelação Cível n. 70030192876, Décima Sexta Câmara Cível, Tribunal de Justiça do RS, Relator: Paulo Sérgio Scarparo, Julgado em 4.6.2009). (Grifo nosso).

"APELAÇÃO CÍVEL. AÇÃO DE COBRANÇA. COMISSÃO DE CORRETAGEM. PROVA DA APROXIMAÇÃO ENTRE VENDEDOR E COMPRADOR. AUSÊNCIA DE REGISTRO NO CRECI. MERA IRREGULARIDADE. DECRETO DE DESAPROPRIAÇÃO. RESULTADO ÚTIL CONFIGURADO. SENTENÇA DE PROCEDÊNCIA CONFIRMADA. **Ausência de inscrição do nome do autor junto ao cadastro regional dos corretores de imóvel — CRECI/RS não se constitui óbice a cobrança pelos serviços de intermediação prestados** se, diante do conjunto probatório, não há qualquer controvérsia sobre sua existência. O contrato de corretagem não impõe apenas obrigação de meio, mas sim de resultado. Demonstrado, modo inequívoco, que os autores participaram da aproximação das partes, atuando em seu mister de forma útil e eficaz, o que vem corroborado pela farta prova testemunhal, mostra-se devido o adimplemento dos valores a título de comissão de corretagem. Percentual (6%) que se mostra razoável e consentâneo aos usos e costumes locais. Sentença de procedência mantida. PRELIMINAR DESACOLHIDA E APELO DESPROVIDO." (Apelação Cível N. 70035905488, Décima Sexta Câmara Cível, Tribunal de Justiça do RS, Relator: Marco Aurélio dos Santos Caminha, Julgado em 13.10.2011). (Grifo nosso).

No mesmo sentido há jurisprudência no tocante ao reconhecimento de vínculo de emprego proferida na Justiça do Trabalho:

"RECURSO ORDINÁRIO. CORRETOR DE IMÓVEIS. VÍNCULO DE EMPREGO. Estando presentes todos os elementos da relação de emprego, deve ser reconhecido o vínculo entre o corretor e a corretora de imóveis. Aspectos formais como o contrato assinado entre as partes e a qualificação do autor perante os órgãos fiscalizadores da atividade não impedem a referida caracterização. Recurso Ordinário a que se dá provimento." (TRTSP — 8ª Turma — Processo TRT/SP n. 0001911-86.2010.5.02.0011).

"CORRETOR DE IMÓVEIS. RELAÇÃO DE EMPREGO. EMPRESA DE VENDA E INTERMEDIAÇÃO DE IMÓVEIS. CARACTERIZAÇÃO. **O fato de estar ou não registrado no CRECI, não altera a situação jurídica do reclamante, quanto à existência ou não do vínculo empregatício.** Estando evidenciado pela robusta prova produzida que o reclamante fazia a intermediação na venda de imóveis, atendendo no próprio local do estabelecimento reclamado, além de participar de reuniões e cumprir expediente para atender aos clientes, recebendo comissões pelas vendas feitas, é empregado, nos termos do art. 3º da CLT." (TRT 3ª R. — 2T — RO/3495/92 — Rel. Juiz Agenor Ribeiro — DJMG 12.2.1993). (Grifo nosso).

Nos moldes expostos, a jurisprudência dominante se manifesta no sentido de possibilitar a formação do vínculo de emprego, mesmo no caso do profissional não ter seu registro junto ao Órgão de Classe, mas, no nosso ponto de vista, e com todo respeito às opiniões divergentes, cabe ao advogado que irá pleitear esse vínculo de emprego à seu cliente (vendedor), orientá-lo sobre os riscos da demanda, entre eles a possibilidade de incorrer em penalidade(s) e instauração de processo penal.

No entanto, quando se trata de profissional contratado, por exemplo, por uma imobiliária, entendemos que o advogado deve também orientar seu cliente que em mencionando tal falta de ética e/ou criminal em defesa na tentativa de afastar o vínculo, poderá ser apurado se a imobiliária fora conivente no ato da contratação, ou seja, sabia que o trabalhador não possuía registro, mas, mesmo assim, o admitiu como vendedor de imóveis, e, sendo verificada esta hipótese, ele também poderá sofrer penalidades éticas administrativas junto ao órgão de classe.

Maiores detalhes sobre o corretor que não possui registro no CRECI é tratado em tópico específico.

Por fim, concluímos que o ideal é a inscrição do corretor no órgão de classe, mas sem deixar de mencionar que em caso de trabalho autônomo ou celetista prestado a imobiliárias ou construtoras — pessoas jurídicas — sem que o vendedor possua a inscrição no CRECI, e havendo o aproveitamento da força de trabalho, deve-se configurar o vínculo empregatício como vendedores caso estejam presentes os requisitos da CLT, ou respeitar o contrato autônomo se este realmente trabalhar de forma autônoma.

Este posicionamento se dá pelas consequências legais, sociais e empresariais, pois, acreditamos que do contrário o Estado estaria incentivando o aproveitamento de trabalho por tais empresas que são organizações que possuem plenas condições de discernir quem contrata, e não reconhecendo o trabalho com todas suas consequências jurídicas contratuais, tais empresas contratariam vendedores dessa forma para não remunerá-los, para afastar o vínculo de emprego, entre outros, de maneira que concorreriam deslealmente com as empresas que contratassem de forma legal os corretores de imóveis, havendo, inclusive, dano à sociedade.

Contudo, pensamos que no caso de vendedor de imóveis verdadeiramente autônomo, que não esteja ligado a construtoras ou imobiliárias, seja de forma celetista ou autônoma, deve ser apreciado o caso concreto, verificando-se o contrato, a boa-fé contratual, e os direitos do consumidor, principalmente o direito à informação, pois pode ocorrer que determinado vendedor tenha se passado por profissional qualificado, ou ainda pode ocorrer das partes saberem e assumirem o risco, entre tantas outras hipóteses, e somente com o caso concreto e as provas apresentadas é possível opinar a respeito.

Defendemos o aspecto de a contratante construtora/imobiliária/administradora de imóveis e o vendedor sem registro, ser puníveis de forma administrativa na forma da lei.

## 1.3. DO ESTAGIÁRIO E OUTRAS PECULIARIDADES

Antes de tratar do tema: "Estágio relativo aos corretores de imóveis, bem como a prática nos trabalhados dos estagiários ou dos pseudos estagiários", é fundamental analisar a lei que trata do estágio, examinando, em um primeiro momento, a relação de trabalho do estagiário de forma geral, para, após esta análise, verificar o trabalho do estagiário "corretor de imóveis", bem como a possibilidade do reconhecimento do vínculo de emprego nesta hipótese.

A chamada lei do estágio de estudantes está disciplinada na Lei n. 11.788/2008, tratando de diversos conceitos, como veremos a seguir.

> "Atualmente, o estágio é conceituado como "um ato educativo escolar supervisionado", desenvolvido no ambiente de trabalho."[3]

Segundo a legislação, bem como o entendimento doutrinário e jurisprudencial, o objetivo do estágio é a preparação do estagiário para o trabalho, devendo o trabalho do estagiário ter uma certa ligação e complementação com os estudos, não havendo, portanto, uma relação de emprego.

Para a realização do estágio, o estagiário deve estar frequentando um estabelecimento de ensino. Seguem os estabelecimentos que o estagiário poderá estar cursando, segundo a legislação.

ESTABELECIMENTOS
- Ensino Regular
- Instituição de Educação Superior
- Educação Profissional
- Ensino Médio
- Educação Especial
- Anos finais do ensino fundamental

Segundo a lei do estágio, para que a relação de estágio seja válida, ou seja, para que não se forme um vínculo empregatício, é necessário que se cumpra os seguintes requisitos previstos no art. 3º da referida lei:

- É necessário matrícula e frequência regular do estagiário no curso em questão;
- Celebração de termo de compromisso entre o estagiário, o cedente e a instituição de ensino — relação triangular;
- Que as atividades desenvolvidas pelo estagiário sejam compatíveis com o termo de compromisso do estágio;
- Deve haver acompanhamento pelo supervisor do estagiário da parte cedente e pelo professor responsável pelo estágio, que deve ser comprovado por vistos em relatórios previstos na lei de estágio.

---

(3) BARROS, Alice Monteiro de. *Curso de Direito do Trabalho.* 8. ed. São Paulo: LTr, 2012. p. 177.

Importante ressaltar que nos termos do § 2º do art. 3º da lei do estágio: "O descumprimento de qualquer dos incisos deste artigo ou de qualquer obrigação contida no termo de compromisso caracteriza vínculo de emprego do educando com a parte concedente do estágio para todos os fins da legislação trabalhista e previdenciária."

Outra questão trazida pela referida lei é que cada empresa poderá ter um número máximo de estagiários, mas tal limitação não se aplica aos estágios de nível superior e médio profissional, razões pelas quais deixaremos de adentrar ao tema.

Nos moldes do art. 7º da referida lei tem-se como obrigações da instituição de ensino:

"I — celebrar termo de compromisso com o educando ou com seu representante ou assistente legal, quando ele for absoluta ou relativamente incapaz, e com a parte concedente, indicando as condições de adequação do estágio à proposta pedagógica do curso, à etapa e modalidade da formação escolar do estudante e ao horário e calendário escolar;

II — avaliar as instalações da parte concedente do estágio e sua adequação à formação cultural e profissional do educando;

III — indicar professor orientador, da área a ser desenvolvida no estágio, como responsável pelo acompanhamento e avaliação das atividades do estagiário;

IV — exigir do educando a apresentação periódica, em prazo não superior a 6 (seis) meses, de relatório das atividades;

V — zelar pelo cumprimento do termo de compromisso, reorientando o estagiário para outro local em caso de descumprimento de suas normas;

VI — elaborar normas complementares e instrumentos de avaliação dos estágios de seus educandos;

VII — comunicar à parte concedente do estágio, no início do período letivo, as datas de realização de avaliações escolares ou acadêmicas.

Parágrafo único. O plano de atividades do estagiário, elaborado em acordo das 3 (três) partes a que se refere o inciso II do *caput* do art. 3º desta Lei, será incorporado ao termo de compromisso por meio de aditivos à medida que for avaliado, progressivamente, o desempenho do estudante."

Já as obrigações da parte concedente são as seguintes:

"Art. 9º As pessoas jurídicas de direito privado e os órgãos da administração pública direta, autárquica e fundacional de qualquer dos Poderes da União, dos Estados, do Distrito Federal e dos Municípios, bem como profissionais liberais de nível superior devidamente registrados em seus respectivos conselhos de fiscalização profissional, podem oferecer estágio, observadas as seguintes obrigações:

I — celebrar termo de compromisso com a instituição de ensino e o educando, zelando por seu cumprimento;

II — ofertar instalações que tenham condições de proporcionar ao educando atividades de aprendizagem social, profissional e cultural;

III — indicar funcionário de seu quadro de pessoal, com formação ou experiência profissional na área de conhecimento desenvolvida no curso do estagiário, para orientar e supervisionar até 10 (dez) estagiários simultaneamente;

IV — contratar em favor do estagiário seguro contra acidentes pessoais, cuja apólice seja compatível com valores de mercado, conforme fique estabelecido no termo de compromisso;

V — por ocasião do desligamento do estagiário, entregar termo de realização do estágio com indicação resumida das atividades desenvolvidas, dos períodos e da avaliação de desempenho;

VI — manter à disposição da fiscalização documentos que comprovem a relação de estágio;

VII — enviar à instituição de ensino, com periodicidade mínima de 6 (seis) meses, relatório de atividades, com vista obrigatória ao estagiário.

Parágrafo único. No caso de estágio obrigatório, a responsabilidade pela contratação do seguro de que trata o inciso IV do *caput* deste artigo poderá, alternativamente, ser assumida pela instituição de ensino."

Nota-se que o art. 9º anteriormente descrito expõe que somente pode ser considerado parte concedente para fins de estágio:

- Pessoas jurídicas de direito privado e os órgãos da administração pública direta, autárquica e fundacional de qualquer dos Poderes da União, dos Estados, do Distrito Federal e dos Municípios;
- Profissionais liberais de nível superior devidamente registrados em seus respectivos conselhos de fiscalização profissional.

Desta forma, já temos a primeira discussão sobre a validade do estágio para os corretores de imóveis que possuem como parte cedente, ou pessoa que assina seu estágio, o corretor de imóveis — pessoa física, que somente possui o curso técnico.

Nessa situação questiona-se: Haverá vínculo de emprego, uma vez que não está abrangida na lei a possibilidade de profissional liberal de nível técnico como sendo parte concedente? Com quem se formará o vínculo?

Sabemos que por vezes na prática o "estágio do corretor de imóveis estudante" é realizado por meio de pessoas jurídicas, sejam elas imobiliárias ou departamento de vendas de construtoras, porém quem assina seu termo de estágio obrigatório junto ao órgão de Classe CRECI é outro colega de profissão — uma pessoa física, sem nível superior na maioria das vezes.

No exemplo citado para fins legais o "estágio" não obedeceria os ditames legais, primeiro porque não é permitida à parte concedente ofertar estágio (corretor de nível técnico), segundo pelo desvio do estagiário na prestação de serviços para terceiros. Mas nesse caso resta a dúvida: com quem seria formado o vínculo empregatício?

Para responder à esta pergunta é necessário verificar o caso concreto, e se hipoteticamente este "estagiário" tivesse concedido efetivamente seus préstimos a imobiliária/construtora seria com esta, independentemente de quem assinasse o termo de estágio ante o art. 9º da CLT, que se formaria o eventual vínculo empregatício, inclusive devendo ainda ser preenchido outros requisitos do art. 2º e 3º da CLT, como será analisado em tópico específico.

Outra questão hipotética que podemos verificar na verdade real no ramo imobiliário, é que durante o período de inscrição como estagiário, mesmo cumprindo-se todos os requisitos legais, o estagiário não pode comercializar imóveis e fazer transações percebendo honorários, o que por si só desvirtua o estágio e passaria a classificar o então estagiário como um vendedor, logicamente sem esquecer da eventual punição por falta de ética junto ao Conselho de classe de todos os envolvidos nessa relação.

Ainda, na prática diária do corretor estagiário, a referida legislação também traz outras regras que devem ser cumpridas como, por exemplo, as dos arts. 10 e seguintes:

"Art. 10. A jornada de atividade em estágio será definida de comum acordo entre a instituição de ensino, a parte concedente e o aluno estagiário ou seu representante legal, devendo constar do termo de compromisso ser compatível com as atividades escolares e não ultrapassar:

I — 4 (quatro) horas diárias e 20 (vinte) horas semanais, no caso de estudantes de educação especial e dos anos finais do ensino fundamental, na modalidade profissional de educação de jovens e adultos;

II — 6 (seis) horas diárias e 30 (trinta) horas semanais, no caso de estudantes do ensino superior, da educação profissional de nível médio e do ensino médio regular.

§ 1º O estágio relativo a cursos que alternam teoria e prática, nos períodos em que não estão programadas aulas presenciais, poderá ter jornada de até 40 (quarenta) horas semanais, desde que isso esteja previsto no projeto pedagógico do curso e da instituição de ensino.

§ 2º Se a instituição de ensino adotar verificações de aprendizagem periódicas ou finais, nos períodos de avaliação, a carga horária do estágio será reduzida pelo menos à metade, segundo estipulado no termo de compromisso, para garantir o bom desempenho do estudante.

Art. 11. A duração do estágio, na mesma parte concedente, não poderá exceder 2 (dois) anos, exceto quando se tratar de estagiário portador de deficiência.

Art. 12. O estagiário poderá receber bolsa ou outra forma de contraprestação que venha a ser acordada, sendo compulsória a sua concessão, bem como a do auxílio-transporte, na hipótese de estágio não obrigatório.

§ 1º A eventual concessão de benefícios relacionados a transporte, alimentação e saúde, entre outros, não caracteriza vínculo empregatício.

§ 2º Poderá o educando inscrever-se e contribuir como segurado facultativo do Regime Geral de Previdência Social.

> Art. 13. É assegurado ao estagiário, sempre que o estágio tenha duração igual ou superior a 1 (um) ano, período de recesso de 30 (trinta) dias, a ser gozado preferencialmente durante suas férias escolares.
>
> § 1º O recesso de que trata este artigo deverá ser remunerado quando o estagiário receber bolsa ou outra forma de contraprestação.
>
> § 2º Os dias de recesso previstos neste artigo serão concedidos de maneira proporcional, nos casos de o estágio ter duração inferior a 1 (um) ano.
>
> Art. 14. Aplica-se ao estagiário a legislação relacionada à saúde e segurança no trabalho, sendo sua implementação de responsabilidade da parte concedente do estágio."

Ressaltamos que o descumprimento dos ditames transcritos também gera vínculo empregatício entre as partes.

Dessa forma, o desrespeito às jornadas do estágio descritas incorreria em formação de vínculo empregatício entre o estagiário e a parte cedente, segundo a legislação.

No mais, o estagiário deve gozar de alguns benefícios obrigatórios nos moldes da lei. São eles: recesso anual remunerado de 30 dias (se prazo inferior a 1 ano proporcional), vale transporte, seguro contra acidentes pessoais, bolsa ou outra forma de contraprestação ajustada com o estagiário, inscrição do estagiário de forma facultativa no INSS, duração do estágio não superior a 2 anos (salvo portador de deficiência).

Portanto, para que a relação de corretor estagiário seja válida e legal é necessário que seja respeitada a referida lei em sua integralidade e que suas atividades sejam relacionadas com sua profissão, sem que passe a atuar como verdadeiro corretor, intermediando negócios por conta própria, sem respeito à lei, e é necessário que a parte cedente se enquadre nesta legislação, sob pena de vínculo empregatício entre as partes.

Sobre o tema seguem julgados reconhecendo o vínculo de emprego no caso de não cumprimento do teor legal:

> "VÍNCULO DE EMPREGO. ESTÁGIO. TRABALHO EM COMPETÊNCIAS PRÓPRIAS E COM A RESPONSABILIDADE DOS DETENTORES DE RELAÇÃO DE EMPREGO. Ausência de prova de que as atividades se desenvolveram com um "ato educativo escolar" com vistas ao "aprendizado de competências próprias da atividade profissional e à contextualização curricular." (Lei n. 11.788/08, art. 1º, §§ 1º e 2º). Vínculo de emprego reconhecido. (Tipo: Recurso Ordinário — Data de Julgamento: 26.2.2013 — Relator(A): Rafael Edson Pugliese Ribeiro — Revisor(a): Pedro Carlos Sampaio Garcia — Acórdão n.: 20130161068 — Processo n.: 20120095918. Ano: 2012. Turma: 6ª — TRTSP — Data de Publicação: 6.3.2013).
>
> "CONTRATO DE ESTÁGIO. VÍNCULO EMPREGATÍCIO CARACTERIZADO. O estágio deve sempre primar pela finalidade pedagógica que lhe é inerente, com a supervisão e/ou coordenação de pessoa apta a acompanhar e avaliar esse desenvolvimento pedagógico profissional. Comprovado que o estagiário executava atividades rotineiras sem

qualquer lastro de formação profissional, resta caracterizada a fraude, atraindo a nulidade preconizada pelo art. 9º da CLT, impondo-se o reconhecimento do vínculo empregatício." (Tipo: Recurso Ordinário — Data de Julgamento: 31.7.2012 — Relator(a): Margoth Giacomazzi Martins — Revisor(A): Silvia Regina Pondé Galvão Devonald — Acórdão n.: 20120854281 — Processo n.: 20120038177. Ano: 2012. Turma: 3ª — TRTSP — Data de Publicação: 9.8.2012).

Nesse sentido, é o julgado sobre o tema específico que trata de estagiário vendedor de imóveis:

"A Lei n. 11.788/08 impõe o preenchimento de alguns requisitos para que se configure o contrato de estágio, dentre os quais o acompanhamento efetivo pelo professor orientador da instituição de ensino e por supervisor da parte concedente. Isso porque a nova lei visa reforçar o caráter pedagógico do estágio como ferramenta fundamental de capacitação prática de estudantes." (TRTSP 17ª Turma — Processo n. 000120794.2012.5.02.0434).

Pelo entendimento majoritário, a referida lei passa a ser aplicável às prorrogações dos estágios já existentes e a norma aplicável a cada relação dependerá da época própria do estágio, se anterior a edição da nova lei, a presente lei não retroagirá.

Dessa forma, cabe ao contratante — parte concedente — observar os termos da legislação e ditames citados para que não incorra em formação de vínculo empregatício, lembrando que esse vínculo também é possível entre pessoas físicas, devendo haver a observância dos requisitos legais, boa-fé contratual, verdade real, entre outros.

## 1.4. CÓDIGO CIVIL. A QUEM SE APLICA?

O Código Civil dispõe em diversos momentos sobre o contrato de corretagem. Em defesas, para tentar negar o vínculo de emprego, é comum a parte constar seus dispositivos.

Nota-se, por exemplo, que o art. 722 do Código Civil dispõe que:

"Art. 722. Pelo contrato de corretagem, uma pessoa, não ligada a outra em virtude de mandato, de prestação de serviços ou por qualquer relação de dependência, obriga-se a obter para a segunda um ou mais negócios, conforme as instruções recebidas."

Assim, alguns advogados ao defenderem imobiliárias ou construtoras fundamentam que o contrato de corretagem tem por objetivo a aproximação de vendedor e comprador, realizando uma intermediação e aproximando as partes.

Ocorre que, conforme veremos em linhas posteriores, nem sempre isso ocorre na prática, pois muitas vezes o corretor é contratado por uma imobiliária ou construtora, ficando à disposição destas, recebendo ordens e com os demais requisitos relativos ao vínculo de emprego, sendo certo que tudo dependerá do caso em concreto para distinguir o corretor de imóveis autônomo do empregado.

Parte da jurisprudência, ao analisar o art. 722 do Código Civil, já manifestou que tal legislação trata do corretor de imóveis realmente autônomo e não daquele que se insere inclusive na atividade fim da pessoa jurídica.

"EMENTA: VÍNCULO DE EMPREGO VERSUS TRABALHO AUTÔNOMO. CORRETAGEM DE IMÓVEIS. PESSOA FÍSICA CONTRATADA POR PESSOA JURÍDICA CONSTITUÍDA COM ESTA ATIVIDADE FIM. Extrai-se do art. 722 e segs. do CCB que, mediante contrato de corretagem, o corretor é contratado para obter um negócio para o contratante. Ultimado o negócio, o contrato se resolve. Tais disposições civilistas cuidam da contratação do corretor por alguém que deseja vender um bem imóvel, em típica prestação autônoma deste serviço especializado. Nada dispõe, porém, sobre a contratação de pessoal para exercer a atividade fim da pessoa jurídica, que é a negociação de imóveis, conforme expressamente fixa o seu objetivo social. Neste caso, o trabalho em foco insere-se sem autonomia na organização produtiva da empresa, visto que nele o corretor não organiza a própria atividade, prestando seu trabalho com os recursos estruturais da empresa (subordinação), com o objetivo de contribuir para os resultados desta (não eventualidade), de conseguinte não se apropriando dos rendimentos integrais respectivos, senão de pagamento combinado por seu trabalho (mediante salário). Típica atividade empregatícia, expressamente capitulada nos arts. 2º e 3º, da CLT, que se declara verificada." (Tribunal Regional do Trabalho da 18ª Região. Processo TRT — RO — 0001513-48.2012.5.18.0004. Juiz Eugênio José Cesário Rosa. 1ª Turma. Voto Assinado em 17.7.2013).

Existem outros dispositivos do Código Civil relativos aos corretores de imóveis, conforme pode ser observado a seguir, devendo deixar repisado que a aplicação destas normas depende do caso em concreto, pois no direito do trabalho vigora o princípio da primazia da realidade, e caso estejam presentes os requisitos do art. 3º da CLT o corretor de imóveis será empregado, independentemente de contrato em contrário (art. 9º da CLT).

"Art. 723. O corretor é obrigado a executar a mediação com diligência e prudência, e a prestar ao cliente, espontaneamente, todas as informações sobre o andamento do negócio. (Alterado pelo L-012.236-2010).

Parágrafo único. Sob pena de responder por perdas e danos, o corretor prestará ao cliente todos os esclarecimentos acerca da segurança ou do risco do negócio, das alterações de valores e de outros fatores que possam influir nos resultados da incumbência. (Acrescentado pelo L-012.236-2010).

Art. 724. A remuneração do corretor, se não estiver fixada em lei, nem ajustada entre as partes, será arbitrada segundo a natureza do negócio e os usos locais.

Art. 725. A remuneração é devida ao corretor uma vez que tenha conseguido o resultado previsto no contrato de mediação, ou ainda que este não se efetive em virtude de arrependimento das partes.

Art. 726. Iniciado e concluído o negócio diretamente entre as partes, nenhuma remuneração será devida ao corretor; mas se, por escrito, for ajustada a corretagem com exclusividade, terá o corretor direito à remuneração integral, ainda que realizado o negócio sem a sua mediação, salvo se comprovada sua inércia ou ociosidade.

Art. 727. Se, por não haver prazo determinado, o dono do negócio dispensar o corretor, e o negócio se realizar posteriormente, como fruto da sua mediação, a corretagem lhe será devida; igual solução se adotará se o negócio se realizar após a decorrência do prazo contratual, mas por efeito dos trabalhos do corretor.

Art. 728. Se o negócio se concluir com a intermediação de mais de um corretor, a remuneração será paga a todos em partes iguais, salvo ajuste em contrário.

Art. 729. Os preceitos sobre corretagem constantes deste Código não excluem a aplicação de outras normas da legislação especial."

Por este motivo, é necessário diferenciar o corretor autônomo que geralmente trabalha por conta própria e se vincula geralmente a uma relação de consumo, ao qual se aplica o Código Civil e o Código de Defesa do Consumidor, daquele empregado que representa uma empresa com os requisitos do art. 2º e 3º da CLT, sendo que será aplicável, mesmo àquele que possui o vínculo de emprego, tanto a legislação do autônomo como a de seu órgão de Classe, naquilo que não for incompatível com os princípios da legislação trabalhista.

# II

# ZONA "GRISE" OU ZONA CINZENTA

## 2.1. O QUE É "ZONA GRISE"?

Em virtude do estudo abordado na presente obra sobre a questão do corretor de imóveis, se deve ser autônomo ou empregado, podemos afirmar que tal relação na prática é controvertida e muitas vezes encontra-se em uma zona cinzenta entre enquadrar como um trabalhador autônomo ou um trabalhador empregado, sendo que tais circunstâncias devem ser analisadas em cada caso específico para que se possa chegar a uma conclusão.

Nem toda a doutrina costuma abordar o assunto. Dessa forma, passamos a transcrever os ensinamentos e conceito da doutrinadora Alice Monteiro de Barros ao tratar sobre o tema:

> "Zona Grise":
>
> "No campo da ciência, ao lado de casos típicos, cujo enquadramento, no art. 3º da CLT, não acarreta dúvidas, existem situações intermediárias, cuja classificação enseja certas dificuldades, em face do conteúdo diversificado do trabalho, em que a subordinação é insuscetível de especificação antecipada passível de ser utilizada para qualquer relação de trabalho. A qualificação, em concreto, de uma determinada relação como de trabalho subordinado ou autônomo poderá ser difícil e controvertida, principalmente nas hipóteses que se situam na chamada "zona grise", **isto é, zona cinzenta ou fronteiriça habitada por trabalhadores que tanto poderão ser enquadrados como empregados quanto como autônomos, fora da órbita do Direito do Trabalho. A jurisprudência tem sustentado que a questão deverá ser resolvida em face das circunstâncias específicas de cada caso concreto**."(4) (Grifo nosso).

Assim, temos por zona grise como sendo aquela situação que há tanto requisitos do vínculo de emprego como alguns requisitos da autonomia

---

(4) BARROS, Alice Monteiro de. *Curso de Direito do Trabalho*. 8. ed. São Paulo: LTr, 2012. p. 250-251.

de forma conjunta, e nestas hipóteses para poder diferenciar o trabalhador autônomo do empregado, devemos estudar cada caso concreto para que se possa chegar a uma conclusão.

## 2.2. O CORRETOR DE IMÓVEIS PODE FIGURAR NESSA ZONA CINZENTA?

A profissão de corretor de imóveis até os dias atuais frequentemente figura em uma zona cinzenta, sendo comum observar que os próprios corretores ficam em dúvida se são ou não empregados, mesmo quando são preenchidos todos os requisitos do vínculo de emprego.

Por meio deste pensamento questionamos: Por qual razão, até mesmo nos dias atuais, existe esse preconceito, inclusive de intelectuais e especialistas em direito do trabalho no sentido de que via de regra o corretor de imóveis é autônomo? De onde surgiu esse pensamento?

Para responder à estas indagações, devemos analisar a profissão de corretor de imóveis no passado e no presente para entender esse preconceito, ou como preferem chamar outros intelectuais — conceitos prévios, para que, em outra análise, seja possível verificar se a maioria dos corretores são autônomos ou empregados, e, saber distinguir os requisitos de um e de outro trabalhador.

Antigamente era comum observar o verdadeiro corretor autônomo, ou seja, aquele profissional que se dirigia "atrás do cliente", realizava anúncios, aproximava as partes, realizava seu próprio horário, determinava o percentual de seus honorários — que na grande maioria das vezes era de 6% sobre o valor da venda do imóvel —, fazia a sua publicidade, não tinha chefes e geralmente tinha seu próprio escritório.

Contudo, e com o devido respeito aos que pensam de forma contrária, nos tempos atuais observamos grandes construtoras e/ou imobiliárias, muitas vezes estrangeiras, que dominaram o mercado de tal forma que a cada dia está mais difícil de visualizar a figura do corretor realmente autônomo.

Percebemos no dia a dia vários corretores de imóveis trabalhando para imobiliárias e construtoras com um contrato muita das vezes de "corretor autônomo" ou "parceria", quando na realidade trata-se de verdadeiros empregados que preenchem muitas vezes os requisitos do art. 3º da CLT, permanecendo alguns na zona grise, quando ocorre a mescla de alguns resquícios de autonomia com requisitos do vínculo empregatício.

Nota-se que o Desembargador Ricardo Artur Costa e Trigueiros, em trecho de acórdão, já se posicionou no sentido de que a figura do corretor autônomo praticamente foi banida do mercado.

Assim pedimos licença para transcrever trecho do voto do Eminente Relator que foi acompanhado pelos demais pares da 4ª turma, nos autos do Processo n. 00022308620105020065, *in verbis*:

"(...) **A figura romântica do corretor autônomo**, que se inscrevia no CRECI, trabalhava por conta própria, captava pessoalmente os imóveis para vender, publicava anúncios, aproximava comprador e vendedor do imóvel, e ao final, fechado o negócio, recebia comissão de 6%, **praticamente foi banida do mercado, com o surgimento das poderosas empresas imobiliárias**. Estas se estabeleceram como autênticas blockbusters, arrasando os autônomos e seus pequenos escritórios, e assumindo o mercado como empresas capitalistas, cuja mão-de-obra está assentada num exército de captadores de imóveis nas ruas, e os corretores "autônomos", colocados em plantões, equipes, submetidos a gerentes de vendas, com horário a cumprir, recebendo 0,5 a 0,8% de comissão. Esta nova realidade mudou o perfil da atividade, transformando os corretores em vendedores empregados, engajados como qualquer outro empregado no âmbito da atividade-fim do empreendimento ao qual servem, todavia sem o registro e reconhecimento do vínculo tipicamente trabalhista (...)" (Grifo nosso).

Contudo, ainda existe uma corrente que defende a tese de que o corretor de imóveis é em regra autônomo.

Nota-se, portanto, que este pensamento e argumentação por alguns intelectuais, de que o corretor de imóveis é autônomo por meio de uma análise histórica, serve amiúde para tentar descaracterizar a subordinação, fugindo do princípio da verdade real — princípio basilar do direito do trabalho.

Todavia, e embora na atualidade seja difícil encontrar o verdadeiro corretor autônomo, é certo que na prática ainda existe este tipo de corretor, sendo importante analisar o caso específico e saber distinguir a diferença entre o empregado do trabalhador autônomo.

Dessa forma, passamos a transcrever o entendimento do saudoso doutrinador Amauri Mascaro Nascimento quando diferencia a relação de emprego com a relação de trabalho autônomo:

> "A — IMPORTÂNCIA DA DIFERENÇA. É da maior importância a diferença entre empregado e trabalhador autônomo, porque a CLT é aplicável a empregados, e não a trabalhador autônomo. O Código Civil, como vimos, denomina o trabalhador autônomo de prestação de serviços.
>
> Na teoria, não é difícil estabelecer o elemento fundamental que distingue o empregado do trabalhador autônomo: a subordinação. Empregado é trabalhador subordinado. Autônomo trabalha sem subordinação. Essa é a ideia básica. Portanto, o autônomo não está

sob o poder de direção de alguém. Ao contrário, auto-organiza-se e assim exerce a sua atividade profissional.

B — ELEMENTOS DE DIFERENCIAÇÃO. O autônomo, no dizer do professor italiano Giuseppe Santoro Passarelli, em seu livro "Diritto Del Lavoro" (2002), é um *piccolo imprenditore*, portanto um verdadeiro pequeno empresário, porque organiza a sua atividade econômica exercida em proveito próprio. Há autônomos profissionais liberais, como o advogado e o consultor com o seu escritório, o médico e o dentista com o seu consultório, mas há, também, autônomos que trabalham de modo precário, como o pequeno ambulante que vende nas ruas da cidade.

A diferença entre trabalhador subordinado e trabalhador autônomo recebe várias outras contribuições. Para alguns, autônomo é quem trabalha por conta própria e subordinado é quem trabalha por conta alheia. Outros sustentam que a distinção será efetuada verificando-se quem suporta os riscos da atividade. Se os riscos são suportados pelo trabalhador, ele será autônomo; porém, se os riscos são suportados não pelo trabalhador, mas por aquele que se beneficia dos seus serviços, o trabalhador será subordinado. Há uma teoria que verifica a quem pertencem os instrumentos de trabalho. Se pertencem ao próprio trabalhador, ele será autônomo. Se o trabalhador trabalha com instrumento de outro, será empregado."[5]

Parte da jurisprudência vem se manifestando no sentido de que o corretor de imóveis pode figurar na zona grise, fundamentando que a subordinação jurídica é o traço marcante entre a relação de trabalho autônomo e a relação de emprego.

"EMENTA: CORRETOR DE IMÓVEIS. VÍNCULO DE EMPREGO. A diferenciação central entre a figura do corretor empregado e a do trabalhador autônomo é a subordinação jurídica, sendo particularmente difícil a distinção entre as aludidas figuras, eis que os aspectos relativos à onerosidade, habitualidade e pessoalidade são comuns aos dois tipos de relações jurídicas, daí porque a sua constatação é insuficiente à distinção que ora se faz necessária. A distinção exige, portanto, extremo cuidado, mormente quando o trabalhador situa-se na chamada "zona grise", transitando, conceitualmente e com flexibilidade, da área subordinada para a autônoma. Todavia, se nos autos há elementos de prova no sentido de que, além da subordinação estrutural, a reclamada dirigia a prestação pessoal de serviço, exercendo sobre o trabalhador todos os poderes conferidos ao empregador pela ordem jurídica (*ius variandi*), não há dúvidas de que a relação jurídica havida entre as partes era de emprego, nos exatos termos dos arts. 2º e 3º da CLT." (TRT 3ª Região. 6ª Turma. Relator Emerson José Alves Lage. Processo 00839-2010-104-03-00-5-RO. 4.4.2011).

---

(5) NASCIMENTO, Amauri Mascaro. *Iniciação ao Direito do Trabalho*. 33. ed. São Paulo: LTr, 2007. p. 167.

Sobre os requisitos do vínculo de emprego e sobre o trabalho autônomo sugerimos que o leitor observe os itens específicos no decorrer desta obra, para que possa conceituar e classificar o trabalhador de acordo com o caso concreto, e mesmo nos casos de "zona grise" consiga enquadrar o trabalhador como autônomo ou como empregado, pois a "zona grise", a nosso ver, não se perpetua, já que com análise apurada e cuidadosa conclui-se, dentro dos requisitos mais consistentes no caso concreto, que há uma espécie ou outra de trabalhador, deixando de existir a zona cinzenta no caso concreto após sua apuração.

## 2.3. ENTENDIMENTO JURISPRUDENCIAL

Sobre essa "zona cinzenta" a jurisprudência manifestou que:

> **"VÍNCULO DE EMPREGO. TRABALHADORES QUE HABITAM A "ZONA GRISE". NECESSIDADE DA ANÁLISE DAS CIRCUNSTÂNCIAS ESPECÍFICAS DO CASO CONCRETO.** A atividade que pode ser executada tanto por empregados como por trabalhadores autônomos, ante a dificuldade em se aferir a situação da subordinação, caracteriza o instituto classificado pela doutrina como "zona grise". Nessas hipóteses, o caso deverá ser analisado levando-se em conta os elementos de convicção existentes nos autos. Comprovado o preenchimento dos requisitos dos arts. 2º e 3º, da CLT, reconhece-se como empregatícia a relação havida entre os litigantes. Recurso do reclamante a que se dá provimento." (Processo TRT/SP n. 0131600-03.2005.5.02.0063. Vara de Origem 63ª VT/SP. 8ª Turma. Rel. Silvana Louzada Lamattina). (Grifo nosso).

Nota-se que, nesta jurisprudência, bem como em nosso ponto de vista, nos casos que se analisam essa zona cinzenta deve-se observar, principalmente, a questão da subordinação, conforme é dissertado em tópicos próprios.

Isso porque, a subordinação é o principal elemento para identificar se o corretor de imóveis é empregado ou autônomo; é com base neste elemento que a jurisprudência majoritária vem fixando seu entendimento.

No mais, como citado previamente, nossa tese é de que a zona grise não se perpetua, pois o juiz não pode se abster de julgar, e o faz de acordo com a globalidade das provas no caso concreto, devendo concluir para alguma espécie de relação de trabalho — seja ele autônomo ou empregado. Com todo o respeito àqueles que creem em sentido contrário, essa zona cinzenta não existe caso seja analisado de forma cuidadosa e atenciosa o caso em concreto.

# III

# ANÁLISE DA AUTONOMIA

## 3.1. CONCEITO DE AUTÔNOMO

A Lei n. 8.212/91, no art. 11 conceitua o trabalhador autônomo da seguinte forma:

> "a pessoa física que exerce, por conta própria, atividade econômica de natureza urbana, com fins lucrativos ou não."

Conforme ensinamentos de Vólia Bomfim:

> "Autônomo é o trabalhador que explora seu ofício ou profissão com habitualidade, por conta e risco próprio. A palavra habitualidade tem o conceito temporal, ou seja, que a atividade é exercida com repetição. O exercício da atividade habitual é em relação ao trabalhador (que tem constância e repetição no seu labor) e não em relação ao tomador, como é o caso do empregado, cuja necessidade de sua mão de obra para o empregador é permanente. Normalmente executa seus serviços para diversos tomadores (cliente variada), sem exclusividade, com independência no ajuste, nas tratativas, no preço, no prazo e na execução do contrato. Como corre o risco do negócio e não tem vínculo de emprego."(6)

No mesmo sentido Alice Monteiro de Barros menciona:

> "No trabalho autônomo, o prestador de serviços atua como patrão de si mesmo, sem submissão aos poderes de comando do empregador, e, portanto, não está inserido no círculo diretivo e disciplinar de uma organização empresarial. O trabalhador autônomo conserva a liberdade de iniciativa, competindo-lhe gerir sua própria atividade e, em consequência, suportar os riscos daí advindos."(7)

Importante citar o entendimento do saudoso doutrinador Amauri Mascaro Nascimento:

---

(6) CASSAR, Vólia Bomfim. *Direito do Trabalho*. 5. ed. Niterói: Impetus, 2011. p. 298-299.
(7) BARROS, Alice Monteiro de. *Curso de Direito do Trabalho*. 8. ed. São Paulo: LTr, 2012. p. 173.

> "Trabalhador autônomo, como vimos, é aquele que não transfere para terceiro o poder de organização da sua atividade. Assim, auto-organizando-se, não se submete ao poder de controle e ao poder disciplinar de outrem. O autônomo exerce atividade econômico-social por sua iniciativa, sua conveniência ou os imperativos das circunstâncias, de acordo com o modo de trabalho que julga adequado aos fins a que se propõe."(8)

Assim, para que se configure o profissional corretor de imóveis como autônomo é necessário observar o caso específico. O profissional não pode estar sujeito ao controle de jornada, às escalas preestabelecidas pelo contratante, às ordens de como executar seu trabalho, ao poder disciplinar, entre outros, sendo necessário observar os conceitos anteriormente descritos.

Assim, o corretor de imóveis que trabalha de forma livre, sem subordinação, não é considerado empregado nesse sentido:

> "CORRETOR DE IMÓVEIS. VÍNCULO DE EMPREGO. O corretor de imóveis que exerce sua atividade profissional livremente no âmbito da empresa contratante, sem subordinação jurídica, não é considerado empregado nos termos do art. 3º da CLT. Recurso a que se nega provimento." (Tipo: Recurso Ordinário. Data de Julgamento: 15.12.2010. Relator(a): Silvia Almeida Prado. Revisor(a): Sergio Roberto Rodrigues. Acórdão n.: 20101323098. Processo n.: 02424004020085020501 (02424200850102000). Ano: 2009. Turma: 8ª. Data de Publicação: 17.1.2011).

Em uma palestra que proferimos no CRECI-SP, em 19 de setembro de 2012, e, embora não fosse o tema específico, abordamos mesmo que de forma breve a questão sobre o corretor de imóveis autônomo e naquela ocasião o conceituamos da seguinte forma:

> "O corretor autônomo possui como o próprio nome já diz total autonomia no seu trabalho. É ele quem define qual a percentagem vai cobrar a título de honorários para determinada intermediação, ele define seus horários, forma de trabalho e local de trabalho, possui clientes próprios. Devendo seguir as norma éticas do conselho de classe, o código de defesa do consumidor e demais legislações."(9)

Portanto, o conceito de trabalhador autônomo é de grande importância para que se possa prosseguir com este estudo, assim como para que se visualize, na prática, se um corretor de imóveis é autônomo ou não.

Em síntese, o corretor será autônomo se ausentes os requisitos do vínculo de emprego, não estando inserido na atividade fim (subordinação estrutural

---

(8) NASCIMENTO, Amauri Mascaro. *Curso de Direito do Trabalho*. 26. ed. São Paulo: Saraiva, 2011. p. 1020.

(9) Trecho da palestra proferida pela Dra. Renata Do Val, em 19 de setembro de 2012, na quarta nobre no CRECI-SP.

ou integrativa), e presentes os requisitos da autonomia em seu trabalho nos moldes dos conceitos descritos.

## 3.2. INDÍCIOS DA AUTONOMIA

A seguir são demonstrados alguns indícios de que o corretor de imóveis pode ser autônomo. Contudo, tudo dependerá do caso em concreto.

Importante desde já deixar claro que o fato de existir um indício não quer dizer que tal profissional seja empregado ou autônomo, isto porque tudo dependerá do caso em concreto e análise da prova como um todo pelo magistrado.

É comum, na prática, observar que tanto a reclamada (requerida) como o reclamante (requerente) consegue demonstrar diversos indícios, cada um observando o seu interesse, e nestes casos o magistrado analisa a situação concreta, com análise das provas em sua globalidade em homenagem ao princípio da unidade da prova, bem como muitas vezes analisa a questão sobre o ônus da prova, tema tratado em tópico próprio.

### *3.2.1. Contrato de prestação de serviços autônomos*

Na prática percebemos que diversas imobiliárias e construtoras confeccionam e assinam contratos de parcerias com corretores declarando de forma expressa, na maioria das vezes, que as partes estão cientes de que o contrato de trabalho trata de "corretor autônomo" ou "contrato de intermediação", "parceria", e que isso não gera nenhum vínculo de emprego.

Contudo, o fato de existir um contrato não significa que o corretor de imóveis seja realmente autônomo, isto porque, para o direito do trabalho, vigora o princípio da realidade, sendo nulo nos termos do art. 9º da CLT os atos que visem fraudar ou burlar direitos trabalhistas.

Caso o corretor de imóveis pretenda requerer o vínculo de emprego e saiba da existência de tal contrato, com todo o respeito às opiniões divergentes, entendemos que a prudência e a atuação zelosa do advogado deve ser no sentido de requerer a nulidade de tais documentos desde a inicial, por violar o princípio da primazia da realidade, podendo embasar a fundamentação no art. 9º da CLT.

Nota-se que até mesmo aquele corretor esclarecido, mesmo sendo também advogado, pós-graduado em qualquer área, entre demais classificações, que assinar um contrato desta espécie, pode pedir a nulidade do mesmo caso o contrato assinado não demonstre a realidade, ante a condição da assinatura para iniciar o trabalho sendo um contrato preestabelecido.

Assim sendo, passamos a transcrever o entendimento jurisprudencial que se manifestou a respeito de que o princípio da primazia da realidade é aplicável quando o trabalhador for uma pessoa esclarecida.

> **"(...) todos sabem, vigora no Direito do Trabalho o princípio da primazia da realidade, que é aplicável também quando o trabalhador é profissional esclarecido,** com formação superior, exercente da função de professor de Direito Processual do Trabalho (...)" (TRT 2ª Região. 1ª Turma. Relatora. Susete Mendes Barbosa de Azevedo. Processo n. 01676200400202004). (Grifo nosso).

Ainda, importante mencionar que no curso técnico de transações imobiliárias tem-se uma noção de direito, e isso não impede o reconhecimento do vínculo de emprego. Além disso, diversos corretores atuantes no mercado têm uma ou mais "faculdade(s)" — formação em nível superior, o que demonstra o crescimento do setor imobiliário.

Segundo notícia veiculada na mídia,[10] no CRECI-RJ cerca de 65% dos corretores possuem formação em nível superior.

É frequente observar empresas que buscam profissionais mais classificados quanto à formação acadêmica, exigindo até mesmo diversos idiomas fluentes, principalmente para a venda e intermediação de produtos de valores vultosos, procurados por clientes de empresas que por vezes são estrangeiros ou pessoas mais exigentes.

Nota-se que apenas o contrato assinado pelo corretor de imóveis, denotando ser autônomo ou algo semelhante, não significa que ele realmente o seja, podendo este ser desconsiderado pelo magistrado caso seja provado que tal documento não condiz com a realidade.

Inclusive para os contratos realmente autônomos os mesmos admitem qualquer forma de celebração, não sendo exigida formalidade especial, podendo ser inclusive verbal, e para sua comprovação admitem-se todas as formas, ainda que somente a testemunhal, mas, acreditamos que seja mais viável e seguro para as partes que os contratos sejam escritos, contendo inclusive o preço e forma de remuneração do profissional, além de demais cláusulas, quanto mais completo for, melhor, evitando-se assim discussões judiciais desnecessárias.

Assim, a seguir são analisados outros indícios que, caso reunidos, podem comprovar se o corretor é realmente autônomo.

---

(10) Disponível em: <http://crecirj.wsrun.net/php/noticias/index.php?acao=ler&id=1694&entidade=288130&cabecalhoFrm=noticia_creci_topo&roda>.

### 3.2.2. *Trabalhar para diversos clientes*

Outro indício que pode demonstrar se o corretor é autônomo é o fato de trabalhar para diversos clientes, embora, a exclusividade não seja requisito para a formação do vínculo de emprego.

Nota-se que o fato do corretor trabalhar para diversos clientes não quer dizer, necessariamente, que o corretor seja autônomo. Observa-se, por exemplo, que o corretor pode trabalhar para uma imobiliária que possui diversos clientes, preenchendo os requisitos dos arts. 2º e 3º, ambos da CLT, ou pode vender imóveis de uma construtora no período da manhã e no período da tarde vender produtos de outra construtora nas formas da CLT.

Quando menciona-se sobre os indícios do corretor trabalhar para diversos clientes nos referimos primeiramente aos clientes do corretor e não aos da imobiliária ou construtora. Entretanto, conforme analisado mais adiante, deve-se observar o caso em concreto para se presumir algo de forma um pouco mais consistente.

A prova sempre deve ser analisada em sua integralidade, homenageando assim o princípio da unidade da prova.

O direito deve estar atento à realidade, e na prática observamos diversas imobiliárias ou construtoras que exigem que o corretor de imóveis "cadastre" os clientes em um sistema da própria empresa (imobiliária/construtora), tendo assim controle e conseguindo estes "clientes" para si em seu banco de dados. Normalmente, são as empresas que captam os clientes por meio de publicidade própria e, em virtude desta, instalam estandes de vendas procurados por clientes, e desta forma embora existam muitos clientes, estes não são do corretor, mas sim da empresa.

No entanto, na hipótese do profissional ter sua própria cartela de clientes e trabalhar para diversas empresas ao mesmo tempo, nos mesmos horários, pode-se presumir que seja autônomo. Contudo, importante repisar que deve ser analisado o caso em concreto pelo profissional que fora contratado para emitir parecer à empresa ou ao corretor, ou mesmo quem irá ingressar com demanda ou julgá-la.

### 3.2.3. *Trabalhar sem exclusividade*

Como regra geral, o corretor de imóveis autônomo pode trabalhar sem exclusividade, porém esta exclusividade deve ser analisada com cautela, porque, conforme afirmamos em linhas anteriores, não se têm o requisito da exclusividade para a formação do vínculo de emprego.

Todavia, no caso do corretor de imóveis, alguns operadores do direito vêm sustentando que caso o profissional trabalhe para diversas imobiliárias e/ou construtoras sem exclusividade, trata-se de um indício de autonomia. No entanto, devemos analisar sempre a situação fática com os demais elementos dos autos para examinar se o trabalho foi exercido de forma autônoma ou com vínculo empregatício.

Em nosso entendimento o fato do corretor de imóveis trabalhar com exclusividade para determinada empresa do ramo imobiliário pode levar a uma presunção relativa da existência de vínculo de emprego, pois não é de praxe no mercado imobiliário esta espécie de contratação.

Lembrando que a cláusula de exclusividade, neste caso inclusive, pode estar contida no regulamento da empresa como, por exemplo, com termos como "é proibida revenda", "é proibido o trabalho com produtos de outras empresas", entre outros exemplos, ou até mesmo em e-mails recebidos de superiores hierárquicos ou chefes da empresa, circulares, ou até mesmo por proibição verbal.

### *3.2.4. Trabalhar por conta*

Alguns operadores do direito afirmam que se o profissional (corretor) trabalhar por conta própria será considerado autônomo, porém grande parte da jurisprudência e da doutrina vem analisando tal questão sob o ângulo do corretor assumir os riscos do negócio, motivo pelo qual expomos esta questão nas linhas que seguem.

### *3.2.5. Assumir os riscos do negócio*

Parte da jurisprudência vem manifestando que o corretor de imóveis que recebe seus honorários apenas mediante comissões, sendo que em alguns meses nada percebe, assume os riscos do negócio. Desta forma, pedimos licença para transcrever trecho do acórdão.

> "(...) A autora, na inicial, admite que "Era remunerada unicamente por meio de comissões..." e que recebia "... remuneração média mensal de R$ 4000/5000 reais" (fl. 04). O documento de fl. 12 comprova que autora em alguns meses nada recebia da reclamada, haja vista o valor apontado como devido à recorrente a título de comissões (R$ 19.640,25) e o valor médio mensal indicado na exordial. Logo, a autora assumia os riscos da atividade econômica e tal situação é incompatível com a relação de emprego (...)" (Processo TRT/SP n. 0001368-46.2011.5.02.0303. Recurso Ordinário da 3ª Vara do Trabalho do Guarujá. Juíza Prolatora da Sentença: Dra. Fernanda Zanon Marchetti. 11ª Turma. Relator Wilma Gomes da Silva Hernandes. Acórdão 20121340281. Data de Julgamento: 27.11.2012).

Em que pese a fundamentação da referida jurisprudência e o respeito que temos pelos nobres desembargadores, na nossa opinião, o fato do corretor de imóveis receber apenas seus honorários por meio de comissão e alguns meses nada receber, não significa, que o reclamante assumiu os riscos do negócio, pelo contrário, está provado o requisito da onerosidade; maiores esclarecimentos sobre este aspecto são analisados e fundamentados em tópico próprio.

Ainda, tratando do indício do corretor assumir os riscos do negócio, e, por tal motivo não ter direito ao vínculo de emprego, algumas decisões vem se manifestando no sentido de que o corretor de imóveis que possui veículo próprio despende valores com o combustível, realiza ligações para clientes com telefone próprio, entre outros assume tais riscos.

Nota-se que muitas decisões, ao constatarem tais requisitos, negam de plano o vínculo de emprego. Vejamos:

> "(...) No caso "sub judice", a reclamante, em seu depoimento, às fls. 55, diz que utilizava o seu próprio veículo, arcando com os gastos, bem como, que utilizava o telefone celular de sua propriedade e, portanto, também arcando com as despesas de telefonemas. Diz também que, em determinado dia, deixou o plantão a cargo de outro corretor e que, em razão desse procedimento, foi informada de que poderia ser dispensada. Em princípio, pois, a reclamante assumia os riscos, haja vista que era remunerada apenas na base de comissões sobre os imóveis negociados, e as despesas decorrentes da sua atividade.
>
> Por outro lado, se a função do corretor de imóveis é restrita à intermediação na compra, venda, permuta e locação de imóveis e opinar quanto à comercialização imobiliária, consoante art. 2º do Decreto n. 81.871/78, inequivocamente a reclamante não poderia possuir nenhuma autonomia para efeito da concretização desses negócios imobiliários, cuja efetivação integra a órbita de atuação das partes interessadas. Por isso mesmo, a consumação desses negócios imobiliários, necessariamente, tem que passar pelo crivo da imobiliária, já que é esta quem assumiu a responsabilidade pela venda, permuta ou locação do imóvel junto ao proprietário deste.
>
> Dúvidas inexistem de que é inerente ao exercício da atividade de corretor de imóveis a prática de plantões de vendas, especialmente em se tratando de lançamentos imobiliários e, é claro, que esses plantões são realizados em dias e horários previamente designados pela imobiliária responsável, significando que essa prática, por si só, é insuficiente para caracterização da subordinação.
>
> Por outro lado, a contratação de corretores de imóveis por imobiliária não implica em terceirização ilícita, uma vez que se trata de profissão regulamentada. Além disso, o corretor, no caso, não é contratado por interposta pessoa, mas pelo próprio tomador dos serviços, ou seja, a imobiliária e, portanto, não se podendo falar em terceirização.
>
> De resto, em nada socorre a reclamante o fato do art. 2º da Lei n. 6.530/78 permitir o exercício da profissão de corretor apenas àqueles que possuem o título de Técnico em Transações Imobiliárias, inclusive exigindo a inscrição no Conselho Regional de Corretores de Imóveis, eis que a falta desses requisitos não serve para suprir a ausência de prova da existência da subordinação.
>
> Destarte, impõe-se a reforma da r. sentença de origem, restando prejudicado o recurso adesivo da reclamante.

Isto posto, conheço dos recursos e dou provimento ao recurso da reclamada para julgar improcedente a reclamatória, restando prejudicado o recurso adesivo da reclamante." (Processo TRT 15 25.770/1998 — RO-0. 5ª Vara do Trabalho de Campinas. Acórdão n. 25.770/1998-RO-0. Relator Samuel Corrêa Leite).

Em que pese o entendimento desta decisão, com o máximo de respeito, divergimos de tal fundamentação, porque o simples fato de o corretor de imóveis utilizar veículo próprio e ter gastos com o mesmo não significa que ele seja trabalhador autônomo apenas por estes indícios.

Em nossa avaliação, e com todo o respeito aos entendimentos contrários, o magistrado deve analisar outros elementos dos autos, principalmente o fator da subordinação — elemento marcante e que distingue a relação de emprego e a relação de trabalho autônomo.

Nota-se que seria muito cômodo, por exemplo, uma imobiliária contratar diversos corretores, pagar-lhes apenas comissão e nada mais (como é usual), dar ordens ao corretor e não registrar tal trabalhador. Desta forma, a imobiliária, nestas hipóteses, não pode beneficiar-se de sua própria torpeza.

É importante que o operador do direito fique atento as formas de contratação destes profissionais e leve em consideração não somente as características de nosso país. Em outras palavras, não é pelo fato de o corretor utilizar veículo próprio e/ou ter gastos com seu veículo que este profissional assumiu os riscos do negócio. Sabemos que estes muitas vezes se submetem a estas condições por imposição das imobiliárias e construtoras e acreditam veementemente que conseguirão realizar vendas.

No mais, existem empregados (registrados) que comparecem ao serviço com veículo próprio tendo despesas com os mesmos, nem por isso deixam de ser registrados (empregados), o mesmo ocorre quanto ao uso de celular.

No nosso ponto de vista, e mais uma vez respeitando todos os entendimentos em contrário, quando se menciona sobre riscos do negócio, devemos ter em mente o investimento com valores significativos pelo profissional como, por exemplo, locação de um determinado lugar para trabalho por conta do profissional (devemos ter atenção que a CLT prevê a possibilidade inclusive de trabalho em residência, o que não afasta o vínculo de emprego), contratação pelo profissional de auxiliares como secretárias, atendentes, captadores, entre outros, sendo que somente o caso concreto poderá trazer essas circunstâncias. Maiores detalhes são tratados quando no tópico sobre a onerosidade.

### *3.2.6. Trabalhar com independência nas tratativas, remuneração etc.*

Outro indício de que o corretor de imóveis é autônomo é o trabalho realizado com independência nas tratativas, remuneração e honorários que estabelece com o cliente. Contudo frisamos que é necessário analisar o caso em concreto e demais requisitos em conjunto.

Nota-se, por exemplo, que existem corretores de imóveis empregados ou que possuem os requisitos do vínculo de emprego e têm liberdade na negociação com os clientes da construtora e/ou imobiliária, porém muitas vezes devem respeitar a tabela da construtora e/ou da imobiliária, sendo que usualmente as imobiliárias ou as construtoras autorizam certa margem de negociação determinada por seus prepostos, que não o corretor, e geralmente pessoas que ocupam cargos superiores.

Nesse caso essa margem de negociação não denota que o corretor seja autônomo, porque quem determinou a tabela não foi o corretor, trabalhando com a tabela que lhe foi imposta e determinada pelo empregador, e por isso o operador do direito deve tomar muito cuidado e ter cautela quando analisar o vínculo de emprego ou a autonomia do corretor de imóveis, primando pela verdade real.

Seria autônomo, via de regra, aquele profissional que fixasse o importe de seus honorários, que poderiam ser de forma comissionada, fixando o quanto e de quem receberia esta comissão, sendo livre na contratação, e quando dizemos 'livre' é na essência da palavra sem que haja nenhum limite ou restrição na contratação.

### *3.2.7. Trabalhar sem subordinação*

Este tópico é de grande valia, pois na maioria das vezes o magistrado leva em conta a questão da subordinação para saber se o corretor de imóveis é empregado ou autônomo.

Dessa forma, caso o corretor de imóveis não for subordinado, não será empregado. Assim este corretor de imóveis que não responde a ordens, não tem horários para cumprir (entrada — saída), não tem metas, escalas, gerentes, em tese não possui o vínculo de emprego.

Contudo, o corretor que cumpre horários para entrar e sair, possui coordenadores e gerentes, pode ser advertido, suspenso ou até desligado da empresa, em tese é subordinado.

### *3.2.8. Emissão de RPAs*

A emissão de Recibos de Pagamento Autônomo por parte do corretor pode ser um indício de que este seja autônomo e não empregado. Contudo, muitas imobiliárias e/ou construtoras pedem muitas vezes para que o corretor assine os "RPAs" apenas com o intuito de mascarar o vínculo de emprego.

Algumas imobiliárias pedem para que o corretor assine os RPAs no departamento financeiro antes de pagar a comissão ao corretor, sendo que em alguns casos é condicionado a assinatura de tais documentos à entrega de cheques, na maioria das vezes de terceiros ou pagamentos em dinheiro.

Assim, entendemos que o advogado ao redigir uma inicial requerendo o vínculo de emprego, se tiver conhecimento de que estes documentos não compreendem a realidade, deve requerer a nulidade dos mesmos nos termos do art. 9º da CLT.

Dessa forma, conforme já tivemos oportunidade de discorrer de forma mais detalhada em outra obra[11], a entrevista do advogado com o cliente é extremamente importante e deve ser realizada com calma.

Importante frisar que os Recibos de Pagamento Autônomo não garantem a existência de relação de autonomia sendo esta uma presunção relativa, ou seja, que pode ser afastada por prova em contrário.

### 3.2.9. *Anúncios na Internet*

Um indício de prova de que o corretor de imóveis é autônomo ocorre quando anuncia na Internet imóveis de outras construtoras, imobiliárias ou de vários clientes próprios.

Contudo, tal indício deve ser analisado com cautela, pois a exclusividade não é requisito para o vínculo de emprego.

Além disso, deve ser analisada as datas dos anúncios e se estes foram realmente realizados pelo corretor de imóveis. Mais uma vez tudo dependerá do caso em concreto, mas é um indício que pode ser explorado pela defesa juntamente a outros que possam existir.

Entretanto, acreditamos não ser prova de autonomia a existência de anúncios do corretor da empresa em que trabalha, pois este fato muitas vezes está incluso em suas funções na empresa, trazendo benefícios à esta.

### 3.2.10. *Possuir o corretor de imóveis — Pessoa Jurídica*

Outro indício de que o corretor de imóveis possa ser autônomo, é quando presta serviços por meio de pessoa jurídica.

---

(11) CAVALCANTE, Rodrigo Arantes; VAL, Renata Do. *Manual de iniciação do advogado trabalhista.* São Paulo: LTr, 2012.

Todavia, devemos analisar com cautela tal situação, porque muitas imobiliárias e construtoras estão exigindo de seus corretores que "abram" uma empresa — pessoa jurídica — muitas vezes com o objetivo de desvirtuar o vínculo de emprego, pois um dos requisitos para a configuração do vínculo é a "pessoa física" prestando serviços a um empregador.

Contudo, se a situação for de fraude, e o corretor de imóveis na realidade for um empregado, deverá requerer na inicial a nulidade dessa abertura de empresa nos termos do art. 9º da CLT.

É essencial mencionar que cada situação deve ser analisada sob o caso em concreto, mas a "pejotização" já é conhecido na Justiça do Trabalho, não apenas na situação dos corretores de imóveis, e que quando presentes os requisitos do vínculo de emprego estes podem trazer a nulidade judicial.

Segue a transcrição de uma ementa que reconheceu o vínculo de emprego de um corretor de imóveis que teve que abrir uma empresa para prestar serviços a uma imobiliária.

> "EMENTA. CONSULTOR DE VENDAS. VÍNCULO EMPREGATÍCIO. Há de ser reconhecido vínculo empregatício entre as partes quando exsurge da prova dos autos a burla à legislação trabalhista, com a exigência de abertura pelo reclamante de uma empresa individual, para mascarar a verdadeira natureza de suas atividades, as quais se revestiam das características do vínculo empregatício, previstas no art. 3º da CLT." (Processo TRT 18ª Região — RO — 0000058-62.2012.5.18.0161. 1ª Turma. Relator. Relator. Aldon do Vale Alves Taglialegna. Decisão em: 14.2.2013)

Parte da jurisprudência já se manifestou sobre a imobiliária que determina que o corretor "abra" uma empresa acaba desvirtuando o seu objetivo, não podendo existir essa "terceirização".

> "TRT-PR-14-05-2004 CORRETOR DE IMÓVEIS. VÍNCULO DE EMPREGO. O fato de existir lei regulando a profissão de corretor autônomo, ou de ter sido criada um empresa em seu nome, não impede o reconhecimento de vínculo, ante o art. 9º da CLT. Se o objeto social da empresa é a compra, venda e locação de imóveis, essa atividade não pode ser terceirizada, sob pena de desvirtuamento de objetivo, máxime se comprovada a subordinação jurídica sob o prisma da corrente objetiva. Recurso das réus a que se nega provimento."(TRT-PR-17896-2001-651-09-00-8-ACO-08080-2004. Relator: Ney Jose de Freitas. Publicado no DJPR em: 14.5.2004)

Dessa forma, o profissional do direito deve ficar atento as peculiaridades da constituição de empresa por parte do corretor.

### 3.2.11. *O trabalho do corretor, após seu desligamento, para outro tomador nas mesmas condições*

Alguns intelectuais entendem o fato do corretor de imóveis, após sair de uma empresa, ir trabalhar para outra do mesmo ramo, nas mesmas condições, como sendo um indício de que o corretor era autônomo.

Em que pese tais entendimentos, a nosso ver em nada interfere, nem mesmo há indício do corretor ser autônomo por estes fatos. Desta forma, pedimos licença para transcrever trecho do acórdão em que o desembargador entendeu que diversas vezes o corretor de imóveis acaba trabalhando para outro tomador nas mesmas condições por não poder valer seus direitos e precisar trabalhar para continuar vivendo.

> "(...) O fato — destacado pela sentença — de que o reclamante, após o despedimento, passou a trabalhar nas mesmas condições, para outro tomador de serviços, não prova nada, a não ser que o reclamante — como ocorre com a enorme maioria dos trabalhadores — não tem forças para fazer valer os direitos dele e que, da mesma forma, precisa trabalhar para continuar vivendo (...)" (TRT da 2ª Região. 4ª turma. Processo TRT/SP 0197100-32.2010.5.02.0001. Relator. Paulo Sérgio Jakutis).

No mais, deve prevalecer a realidade sobre a forma. Sabe-se que o contrato de emprego embora sinalagmático por vezes é de adesão, e, se questionado na fase pré-contratual o mesmo não se efetiva, pois a contratante prefere outro profissional que não discuta a forma de contratação.

# IV

# ANÁLISE DO VÍNCULO DE EMPREGO

## 4.1. CONCEITO DE EMPREGADO

A doutrina e a jurisprudência de forma majoritária têm entendido que os requisitos de empregado constam no art. 3º da CLT.

Outros juristas defendem que os requisitos do vínculo estão no art. 2º *caput* e no art. 3º *caput* da CLT, ou seja, fundamentando que não se deve analisar os requisitos de empregado no artigo em sua totalidade, mas, tão somente no *caput*.

Sobre o conceito de empregado muitos operadores do direito afirmam que o art. 3º *caput* nos traz tal conceito, sendo que uma parte de juristas criticam a legislação que pretende conceituar institutos, pois tal tarefa cabe ao intérprete e não ao legislador.

Contudo, e para fins didáticos, segue a transcrição do *caput* dos arts. 2º e 3º, ambos da CLT.

> "Art. 2º Considera-se empregador a empresa, individual ou coletiva, que, assumindo os riscos da atividade econômica, admite, assalaria e dirige a prestação pessoal de serviço."
>
> "Art. 3º Considera-se empregado toda pessoa física que prestar serviços de natureza não eventual a empregador, sob a dependência deste e mediante salário.
>
> Parágrafo único. Não haverá distinções relativas à espécie de emprego e à condição de trabalhador, nem entre o trabalho intelectual, técnico e manual."

No tópico a seguir analisam-se os requisitos do vínculo de emprego. Contudo, antes disso, faz-se necessário trazer conceitos da doutrina para melhor compreensão do assunto.

Alice Monteiro de Barros conceitua empregado como:

> "(...) a pessoa física que presta serviço de natureza não eventual a empregador mediante salário e subordinação jurídica."[12]

(12) BARROS, Alice Monteiro de. *Curso de Direito do Trabalho*. 8. ed. São Paulo: LTr, 2012. p. 207.

O conceito de empregado para Vólia Bomfim Cassar é:

> "(...) toda pessoa física que preste serviço a empregador (pessoa física ou jurídica) de forma não eventual, com subordinação jurídica, mediante salário, sem correr os riscos do negócio."[13]

Em uma palestra que proferimos no CRECI-SP, em 19 de setembro de 2012, tivemos uma oportunidade de esclarecer algumas questões jurídicas relacionadas aos corretores de imóveis e, naquela oportunidade, ainda que breve, explanamos sobre o corretor de imóveis empregado.

> "O corretor de imóveis empregado, que tem registro na carteira ou não, tem uma relação diferenciada, seguindo os regulamentos da empresa. Nesse caso, vai receber as ordens do superior hierárquico, sua comissão é estabelecida pela empresa contratante, e ele possui uma jornada fixa, pré-determinada pelo seu patrão."[14]

A doutrina não é unânime quanto ao número de requisitos, alguns doutrinadores entendem que o número de requisitos deva ser 4, outros entendem por 5, e por fim há os que defendem ser 6 os requisitos para a configuração do vínculo de emprego.

Para melhor visualização, demonstramos a seguir os requisitos necessários para que se torne um empregado, sendo que deverão estar preenchidos todos estes requisitos para que se possa falar em relação de emprego.

EMPREGADO {
- Pessoa física
- Não eventualidade
- Onerosidade
- Subordinação
- Pessoalidade

## 4.2. REQUISITOS INDISPENSÁVEIS PARA A FORMAÇÃO DO VÍNCULO DE EMPREGO

Analisaremos os requisitos indispensáveis, um por um, para a formação do vínculo de emprego.

---

(13) CASSAR, Vólia Bomfim. *Direito do Trabalho*. 5. ed. Niterói: Impetus, 2011. p. 262.

(14) Trecho da palestra proferida pela Dra. Renata Do Val, em 19 de setembro de 2012, na quarta nobre no CRECI-SP. Disponível em: <http://tv.crecisp.gov.br/>.

#### 4.2.1. *Subordinação*

A subordinação é o traço marcante que diferencia o trabalho autônomo do trabalho com vínculo empregatício, sendo que a análise de tal requisito é indispensável para o nosso estudo.

O jurista Sergio Pinto Martins conceitua subordinação da seguinte forma:

> "Subordinação é a obrigação que o empregado tem de cumprir as ordens determinadas pelo empregador em decorrência do contrato de trabalho. É objeto do contrato de trabalho."(15)

Quanto maior a intensidade da subordinação mais fácil de visualizar a relação de emprego.

A doutrina costuma classificar a subordinação como técnica, econômica, social e jurídica, porém tanto a doutrina como a jurisprudência de forma majoritária costumam levar em consideração na análise da subordinação para fins de vínculo de emprego a subordinação jurídica.

Temos como espécies de subordinação:

| SUBORDINAÇÃO | Técnica<br>Econômica<br>Social<br>**Jurídica** |
|---|---|

Conforme afirmamos em linhas anteriores, a subordinação é um fator muito importante para a diferenciação entre o trabalho autônomo e o trabalho prestado com vínculo empregatício, sendo que o entendimento que prevalece é que esta subordinação deve ser jurídica.

Desta forma questionamos: O que vem a ser subordinação jurídica?

Em resumo, a subordinação jurídica é a vinculação do empregado ao poder empregatício, sendo que este é gênero que comporta como espécie o poder diretivo, o poder disciplinar, o poder de fiscalização e por fim o poder regulamentar.

Nota-se que quando se fala sobre subordinação é necessário também analisar o poder de direção, porque, como bem explanado pela doutrina, a subordinação e o poder de direção se complementam. Vejamos:

(15) MARTINS, Sergio Pinto. *Direito do Trabalho.* 23. ed. São Paulo: Atlas, 2007. p. 132.

"Na relação de emprego a subordinação é um lado, o poder diretivo é o outro lado da moeda, de modo que, sendo o empregado um trabalhador subordinado, o empregador tem direitos não sobre a sua pessoa mas sobre o modo como a sua atividade é exercida."(16)

Assim, quando há subordinação também deve ser analisado o poder de direção, que segundo a doutrina se manifesta de várias formas, conforme esquema que segue.

| | |
|---|---|
| PODER DE DIREÇÃO | Poder de organização<br>Poder de controle<br>Poder disciplinar |

Parte da doutrina também se manifesta sobre o poder de direção quando trata da subordinação jurídica.

"(...) A subordinação jurídica decorre do contrato de trabalho. O empregado está sujeito a receber ordens em decorrência do pacto laboral, sendo proveniente do poder de direção do empregador, de seu poder de comando, que é a tese mais aceita. O empregado está subordinado ao empregador em razão do contrato de trabalho e da lei (art. 3º da CLT). É no contrato de trabalho que são observados os limites e os fundamentos da subordinação;"(17)

O saudoso doutrinador Amauri Mascaro Nascimento analisa em sua obra a autonomia e a subordinação, inclusive examinando o aspecto do poder de direção.

"Numa simplificada síntese, autonomia é modo de trabalho no qual o prestador de serviços não está sob o poder do beneficiado. Portanto, aquele para o qual o serviço é prestado não tem o direito de exercer sobre o autônomo o poder de direção, o poder de fiscalização e o poder de controle."(18)

Cabe esclarecer que parte da jurisprudência entende que a subordinação é presumida:

"Admitindo a ré a prestação de serviços na condição de "corretora autônoma", carreou para si o *onus probandi* (art. 818, da CLT, c.c. art. 333, II, do CPC), **porquanto o**

---

(16) NASCIMENTO, Amauri Mascaro. *Curso de Direito do Trabalho*. 26. ed. São Paulo: Saraiva, 2011. p. 695.

(17) MARTINS, Sergio Pinto. *Direito do Trabalho*. 23. ed. São Paulo: Atlas, 2007. p. 133.

(18) NASCIMENTO, Amauri Mascaro. *Curso de Direito do Trabalho*. 26. ed. São Paulo: Saraiva, 2011. p. 559.

**trabalho subordinado, por ordinário, se presume, exigindo-se a comprovação das circunstâncias excepcionais — eventualidade e autonomia.**" (Processo TRT/SP n. 0001283-59.2010.5.02.0056. 17ª Turma. Rel. Antero Arantes Martins. Recurso Ordinário da 56ª Vara do Trabalho de São Paulo. Rito Ordinário). (Grifo nosso).

A doutrina e a jurisprudência têm entendido que a subordinação não deve ser analisada apenas quando existe um superior hierárquico que concede ordens, mas, também, quando há a inserção de um trabalhador em um sistema coordenado, em atividades que são de interesse do empregador. Desta forma, ao analisar alguns julgados, observa-se o reconhecimento do vínculo de emprego entre o corretor e a imobiliária, levando em consideração que a atividade do corretor está ligada a atividade principal da imobiliária e/ou construtora, o que é conhecida também como *subordinação estrutural*. Nesse sentido:

"CORRETOR DE IMÓVEIS EM STAND DE VENDAS DE EMPREENDIMENTO IMOBILIÁRIO. ENGAJAMENTO À ATIVIDADE-FIM. VÍNCULO EMPREGATÍCIO RECONHECIDO. Irrelevante a inscrição do reclamante no CRECI, já que esta decorre de lei e é condição para o exercício profissional, tal como a inscrição do advogado na OAB, do engenheiro e arquiteto no CREA, do médico no CRM, do economista no CORECON, e assim por diante. Portanto, a simples inclusão no quadro do CRECI tão-somente habilita o corretor para a sua atividade profissional, mas não constitui prova da alegada autonomia. **A ré é uma empresa de negócios imobiliários, onde o autor atuava como corretor (vendedor). Neste contexto, forçoso concluir que não se tratava de prestação de serviços autônomos, vez que o reclamante desenvolvia atividade necessária ao funcionamento da empresa, e como tal, diretamente ligada à realização dos fins do empreendimento econômico encetado pela Ré** (*necessitas faciendi*), emergindo cristalina, da própria exposição dos fatos no contraditório e em face do conjunto fático-probatório, a relação empregatícia havida entre as partes. A submissão do reclamante a plantões internos de vendas, sob subordinação, integrando equipe de vendedores e envergando uniforme e crachá, são elementos que completam a configuração inequívoca do vínculo de emprego sonegado pela demandada. Recurso provido para reconhecer a relação empregatícia." (Tipo: Recurso Ordinário. Data de Julgamento: 10.4.2012. Relator(a): Ricardo Artur Costa e Trigueiros. Revisor(a): Paulo Sérgio Jakutis. Acórdão n.: 20120385826. Processo n.: 20110645352. Ano: 2011. Turma: 4ª. Data de Publicação: 20.4.2012). (Grifo nosso).

Importante repisar que a atividade do corretor de imóveis pode ser essencial, inclusive a uma construtora. Nesse sentido:

"RELAÇÃO DE EMPREGO. CORRETOR DE IMÓVEIS. CARACTERIZAÇÃO. Comprovado que o reclamante vendia imóveis construídos pela reclamada, atividade essencial à finalidade econômica da empresa, coordenado por pseudo gerente de negócios, sujeito à prestação de contas e trabalhando por vários anos, sem inscrição no CRECI, remunerado à base de comissão sobre o valor do imóvel vendido, tendo sua produção controlada, estava presente neste trabalho a subordinação, mesmo que adelgaçada, característica do trabalho de vendedor." (TRT 08ª R. — RO00715-2006-005-08-00-4 — 2ª T. — Relª Juíza Elizabeth Fátima Martins Newman — J. 18.10.2006).

A jurisprudência também tem manifestado que o corretor que é subordinado juridicamente, e principalmente à gerente da imobiliária, deve ter seu vínculo reconhecido.

"VÍNCULO DE EMPREGO. CORRETOR / VENDEDOR DE IMÓVEIS. POSSIBILIDADE. É possível o vínculo de emprego entre o vendedor/corretor de imóveis com imobiliária desde que provados os requisitos do art. 3º da CLT, especialmente subordinação ao gerente da imobiliária e, ainda mais, quando o vendedor de imóveis não possui registro no CRECI. Vínculo de emprego reconhecido." (Tipo: Recurso Ordinário. Data de Julgamento: 14.4.2011. Relator(a): Jonas Santana de Brito. Revisor(a): Magda Aparecida Kersul de Brito. Acórdão n.: 20110490643. Processo n.: 01158001820085020066 (01158200806602003). Ano: 2009. Turma: 15ª. Data de Publicação: 3.5.2011).

Por fim, parte da doutrina e da jurisprudência vem manifestando que para a caracterização da subordinação não se exige a constante atuação da vontade do empregador para com o empregado, bastando apenas a possibilidade desta atuação. Pedimos licença, então, para transcrever entendimento jurisprudencial, tendo como relator o brilhante doutrinador Carlos Henrique Bezerra Leite.

"(...)Frise-se que ainda que não se houvesse comprovado o controle de jornada pela prova ora colhida, pode-se dizer que a subordinação não exige a efetiva e constante atuação da vontade do empregador na esfera jurídica do empregado. Basta a possibilidade jurídica dessa atuação. Em consonância com este entendimento, leciona Arion Sayão Romita, quando diz que **"...a subordinação não deve ser confundida com a submissão a horário, controle direto do cumprimento de ordens, etc. O que importa é a possibilidade, que assiste ao empregador, de intervir na atividade do empregado**(...)" (Acórdão — TRT 17ª Região — 01308.2007.012.17.00.4. 2ª Turma do TRT da 17ª Região. Desembargador Relator Carlos Henrique Bezerra Leite. Julgamento: 7.10.2010). (Grifo nosso).

O doutrinador Maurício M. Marca ao dissertar sobre a subordinação, analisa a questão do empregado estar sujeito à coordenação e controle por parte do empregador. Vejamos:

> "A subordinação é estar o empregado sob a coordenação e controle do empregador, de modo que o empregador possa promover a inserção da atividade do empregado na atividade da empresa, para que, somando o trabalho a todos os demais fatores produtivos, possa-se chegar ao fim almejado, que é a produção de bens ou a prestação de serviços."(19)

Portanto, a subordinação em seu amplo aspecto deve ser analisada no caso concreto para que se determine a existência ou não do vínculo empregatício, logicamente de forma conjunta com os demais requisitos, sendo ela de grande valia para sua caracterização.

Contudo, as empresas que pretendem contratar corretores de imóveis, mas não queiram ter vínculo de emprego reconhecido, devem se enquadrar realmente na espécie de contratação autônoma, ou seja, não fazendo com que o corretor contratado seja subordinado como visto anteriormente, e, na prática, isso significa: não inseri-lo em sua atividade fim, não dar-lhe ordens,

(19) MARCA, Maurício Machado. *Relação de trabalho*. 1. ed. São Paulo: LTr, 2010. p. 111.

roteiros de trabalho, escalas pré-determinadas de trabalho, não estabelecer jornadas de trabalho, forma de pagamento, valor de honorários, o corretor não deve ter superiores hierárquicos, entre outros fatores que podem acabar enquadrando o corretor como empregado caso presente a subordinação.

Portanto, estas empresas devem estruturar-se de acordo com a realidade fática de autonomia dos seus contratados tomando todas as precauções no momento de formar equipes de vendas, não somente na feitura de contratos, como também na forma de desenvolvimento da atividade.

#### 4.2.2. *Pessoalidade*

De uma forma simples podemos afirmar que a pessoalidade é um requisito necessário à formação do vínculo de emprego, e, significa dizer que o empregado deve trabalhar pessoalmente, não podendo se fazer substituir.

Assim, é comum quando estamos assistindo uma audiência relacionada a vínculo de emprego escutar perguntas, seja por parte do magistrado, seja por parte de seus advogados, do tipo: "O Sr. poderia se fazer substituir por outro profissional?". Se a resposta for positiva estará descaracterizado o vínculo de emprego, salvo se autorizado pelo empregador.

Na profissão de corretor de imóveis é comum verificar várias equipes dirigidas por um gerente, sendo que em alguns locais constata-se a possibilidade do corretor de imóveis poder trocar de plantão com outros de uma mesma equipe, para que assim o gerente não fique com a "grade" de escalas descoberta, sendo que esta "troca", de um corretor por outro, muitas vezes ocorre com a autorização do gerente ou da empresa, e habitualmente depende desta autorização.

Ocorre que alguns intelectuais veem essa situação como sendo uma substituição do corretor por outro profissional. No entanto, ousamos divergir desse entendimento, porque nesta situação descrita não foi o corretor que colocou outra pessoa ou se fez substituir, ou seja, o corretor não pode colocar quem ele quiser em seu lugar.

A título exemplificativo pedimos licença para transcrever entendimento jurisprudencial que considerou que o requisito da pessoalidade não restou afastado, posto que a "substituição" de corretores se deu entre trabalhadores vinculados à empresa e tal prática era tolerada pela empresa (imobiliária):

> "VÍNCULO DE EMPREGO. PESSOALIDADE. O requisito da pessoalidade não resta afastado se a substituição ocorre entre trabalhadores vinculados à empresa e a prática é tolerada (ou mesmo incentivada) pela empregadora." (Processo TRT/SP 0001634-02.2012.5.02.0011. 14ª Turma. Relatora Regina Duarte. 18.4.2013).

No mesmo sentidc vem se manifestando a doutrina:

> "A pessoalidade da prestação importa, particularmente, em que o empregado não possa se fazer substituir por outros na execução do trabalho, **sem o consentimento do empresário.**" [20] (Grifo nosso).

> "**O pressuposto da pessoalidade** exige que o empregado execute suas atividades pessoalmente, sem se fazer substituir, **a não ser em caráter esporádico, com aquiescência do empregador.**" [21] (Grifo nosso).

Dessa forma, quando se fala sobre pessoalidade quanto ao trabalho do corretor de imóveis devemos ficar atentos ao real significado de "substituição", que a nosso ver significa a troca do profissional por livre escolha deste, podendo inclusive ser por pessoa estranha à empresa contratante.

### *4.2.3. Onerosidade*

A onerosidade é um requisito para a formação do vínculo de emprego, pois se o serviço prestado for gratuito não existe relação de emprego.

Como regra geral os corretores de imóveis, sejam eles empregados ou autônomos, recebem seus honorários pela figura da comissão sobre o valor da venda ou intermediação.

Algumas imobiliárias e/ou construtoras contratam seus corretores muitas vezes com todos os requisitos do vínculo de emprego e elaboram contratos com estes frequentemente com o nome suntuoso de "autônomo", e para mascarar o vínculo de emprego remuneram os corretores de imóveis com os cheques dos clientes da própria empresa.

Com a devida permissão para discordar, o fato de a imobiliária ou construtora remunerar o corretor com o cheque do cliente em nada interferirá para a caracterização da relação de emprego, isso porque em regra geral o corretor recebe tais cheques (comissões) da própria imobiliária e não do cliente, que na maioria das vezes sequer sabe realmente o que está pagando.

Nota-se que a legislação autoriza que o empregador pague o empregado por meio de cheques:

> "O art. 464, parágrafo único, da CLT, permite, ainda, que o salário seja pago em cheque ou depósito bancário, sendo vedado o pagamento por meio de notas promissórias, pois, além de prorrogar a data de pagamento, é de difícil circulação. O legislador, como vimos no capítulo anterior, autoriza, o pagamento em utilidades."[22]

---

(20) PASSARELLI, Francesco Santoro. *Noções de direito do trabalho*. Traduzido por Mazart Victor Russomano e Carlos Alberto Chiarelli. São Paulo: Revista dos Tribunais, 1973. p. 129.

(21) BARROS, Alice Monteiro de. *Curso de Direito do Trabalho*. 8. ed. São Paulo: LTr, 2012. p. 207.

(22) BARROS, Alice Monteiro de. *Curso de Direito do Trabalho* 8. ed. São Paulo: LTr, 2012. p. 646.

Alguns operadores do direito vêm sustentando a tese de que se o corretor não recebe a comissão todos os meses não estará caracterizada a relação de emprego por não existir o requisito "salário".

Em que pese entendimentos em sentido contrário, acreditamos que o fato de o corretor somente receber comissão apenas quando realiza a venda, não encontra óbice na legislação para a caracterização do vínculo de emprego, já que a doutrina traz apenas como requisito a onerosidade.

Em nosso ponto de vista o serviço ou é gratuito ou é oneroso, e é indiferente se o corretor recebe ou não todos os meses, pois recebendo ou tendo a expectativa de receber as comissões comprova-se o requisito da onerosidade.

Pensar de forma contrária seria punir o empregado e beneficiar quem está agindo com sua própria torpeza.

> "Vínculo de emprego. Onerosidade. Comprovada a presença dos requisitos da subordinação, habitualidade e pessoa física, **o pedido relativo a salários não satisfeitos por alguns meses do contrato de trabalho que se pretende ver reconhecido não torna ausente o requisito onerosidade, nem impede o reconhecimento do vínculo de emprego.** Ora, não há incompatibilidade entre o pleito relativo ao reconhecimento de contrato de trabalho e aquele referente ao pagamento de salários atrasados. Mantido o contrato de trabalho sem o efetivo registro em CTPS e não pagamento integral dos salários, configura-se duas irregularidades perpetradas pelo empregador: a primeira relativa ao registro em carteira de trabalho e a segunda em honrar o pagamento do salário pactuado."(Acórdão: 20020447781. Turma: 03. Data Julg.: 2.7.2002. Data Pub.: 16.7.2002. Processo: 20010470330. Relator: Mercia Tomazinho. (Grifo nosso).

Importante mencionar que a onerosidade pode suceder de duas formas: A primeira forma de onerosidade é a *onerosidade objetiva*, quando o trabalhador presta serviços e recebe o pagamento pelo seu mister. A outra forma de onerosidade é a *subjetiva*, ou seja, a intenção do trabalhador receber.

Nota-se, portanto, que no caso dos corretores de imóveis, em algumas situações percebemos que determinados corretores ficam meses sem vender, e isso no nosso sentir não descaracteriza o vínculo de emprego, pois se repisa que o trabalhador tem a intenção de receber.

Entendemos que os meses em que o corretor empregado não vendeu ou percebeu comissão inferior a um salário mínimo, o empregador deve arcar com pelo menos um salário mínimo:

> "Percebendo o empregado apenas comissões, não tendo salário fixo, o empregador deve assegurar ao obreiro pelo menos um salário mínimo no mês em que as comissões não atingirem essa importância. Assim, se as comissões foram inferiores a um salário mínimo em certo mês, deve a empresa complementar tal valor até atingir um salário mínimo (parágrafo único do art. 78 da CLT e Lei n. 8.716/93).

Se a norma coletiva da categoria estabelecer piso salarial, este deve ser observado como mínimo a ser pago ao empregado, e mais as comissões."[23]

Outrossim, ainda que a empregadora remunere os corretores com os cheques de seus clientes, tal fato não é empecilho para a caracterização do vínculo de emprego. Desta forma, é importante transcrever trecho de acórdão relatado pela Desembargadora Beatriz de Lima Pereira nos autos do Processo n. 02635.2008.047.02.00-0, acórdão este proferido pela 1ª Turma do TRT da 2ª Região.

"(...) Os salários não são apenas os valores pagos diretamente pelo empregador, mas também aqueles recebidos pelo empregado em razão da oportunidade de ganho colocada à sua disposição pelo empregador, em razão do desempenho de sua atividade profissional. Nesse sentido, ensina o Juiz Aluysio Sampaio, às páginas 118 e 136 da obra "Contrato Individual de Trabalho em sua vigência", Editora Revista dos Tribunais, 1982.

"Salário ou remuneração é, pois, a contraprestação devida pelo empregador — seja diretamente paga por ele ou por terceiros, como a gorjeta. À primeira vista, dada a compreensão corrente do instituto, a afirmativa poderá causar estranheza. Mas, desde que aceita a sinonímia entre salário e remuneração, espancam-se quaisquer dúvidas. **Dir-se-á que aquilo pago por terceiros não pode constituir obrigação do empregador. Ledo engano: o que o empregador proporciona ao empregado não é estritamente a paga pelos serviços prestados, mas a oportunidade de ganho**. Sabe-se, por exemplo, que são comuns os casos de garçons que pouco recebem diretamente do empregador, mas ganham quantias expressivas a título de gorjetas.

Em certos casos, os garçons não se importam com o valor do salário pago diretamente pelo empregador, pois a parte substancial de seu ganho resulta das gorjetas pagas por terceiros. **A prestação essencial devida pelo empregador ao empregado não é estritamente a remuneração direta, em espécie ou utilidades, mas a efetiva oportunidade de ganhos..."** Assim, o fato de a empresa exigir que os clientes preencham vários cheques, um em nome da demandada, outro em nome do corretor, outro em nome do gerente, outro para o dono do imóvel e assim por diante, como esclareceu a testemunha da empresa, à fl. 385, não tem o condão, absolutamente, de afastar o quesito onerosidade da relação existente entre as partes. **Mesmo porque ficou comprovado que todos os cheques eram entregues no departamento financeiro e, posteriormente, entregues aos destinatários, mediante assinatura de recibo**." (Grifo nosso).

No mesmo sentido encontramos jurisprudência do TRT da 17ª Região:

"VÍNCULO EMPREGATÍCIO. PAGAMENTO ATRAVÉS DE CHEQUES DE TERCEIROS. CONFIGURAÇÃO. Embora o Reclamante fosse pago mediante cheques emitidos pelos compradores dos produtos ofertados à venda (imóveis) e não diretamente pelas recorrentes, do mesmo modo os garçons são remunerados mediante gorjetas de clientes, e nem por isso também deixam de ser empregados, na forma do art. 457, § 3º, da CLT." (TRT 17ª R., RO 0030300-76.2010.5.17.0007, 3ª Turma, Rel. Desembargador Jailson Pereira da Silva, DEJT 14.6.2011).

A Desembargadora Relatora Leydir Kling Lago Alves da Cruz nos autos do processo n. 0010500-63.2008.5.01.0044, que tramitou na 2ª Turma do TRT

(23) MARTINS, Sergio Pinto. *Direito do Trabalho*. 23. ed. São Paulo: Atlas, 2007. p. 246.

da 1ª Região, analisou de forma brilhante e didática a questão da onerosidade do corretor de imóveis, manifestando que tanto faz se a comissão era paga diretamente ou não pelo cliente. Segue trecho do V. Acórdão proferido pela respeitável magistrada, em 10 de maio de 2011.

> "(...) No que tange à onerosidade, não restou caracterizado qualquer óbice para o reconhecimento do vínculo de emprego, eis que o aspecto formal dos pagamentos deixou de prevalecer diante da realidade fática. Observe-se que é inegável que, pelo exercício de corretagem em favor da reclamada, o reclamante recebia parte da comissão que o cliente pagava à ré pela intermediação do negócio.
>
> Se essa parte era paga formal e diretamente ao autor pelo cliente, nem assim se afastaria a onerosidade na relação de trabalho, pois o trabalho oneroso se contrapõe ao trabalho gratuito e não deve ser aferido em relação à pessoa que executa o pagamento. Não se pode esquecer que na própria CLT tem-se a gorjeta que, embora seja parcela paga por clientes da empresa ao empregado, compõem a sua remuneração, conforme disposto no seu art. 457, in verbis:
>
> **"Compreendem-se na remuneração do empregado, para todos os efeitos legais, além do salário devido e pago diretamente pelo empregado, como contraprestação do serviço, as gorjetas que receber."** (Grifo nosso).
>
> O óbice efetivo ao reconhecimento da relação de emprego seria o trabalho gratuito, do qual não se trata nos autos.
>
> Como ensina Paulo Emílio Ribeiro de Vilhena na sua obra "Relação de emprego — Estrutura Legal e Supostos". 2. ed. LTr, p. 207, "... a onerosidade não é requisito, mas elemento integrante da relação de emprego, como decorrência da prestação de serviços nas condições em que a lei prefigura como empregatícia. Sua natureza é contraprestativa e não configuradora."
>
> Por último, é de se ressaltar que a própria recorrente afirma no recurso que recebia cópia do recibo emitido pelo autor "para fins contábeis". Ora, qual a razão para ter uma cópia do recibo das comissões, se não fosse para provar o pagamento delas ao autor? E, se assim era, as comissões faziam parte do contrato, que, por isso, era oneroso.
>
> No mais, quanto à inscrição no CRECI, não é prova de autonomia e sim condição para o exercício da corretagem de imóvel, ainda que o corretor a exerça mediante vínculo de emprego.
>
> A pessoalidade ficou comprovada pelo depoimento de fls. 1142 no qual a testemunha, também corretor, informou "que não podiam se fazer substituir por outro corretor."
>
> Correta a sentença (...)"

Conforme ensinamento do saudoso doutrinador Amauri Mascaro Nascimento a onerosidade ocorre quando existe salário convencionado ou pago, bem como a oportunidade de ganho mencionada — conforme fundamenta o referido doutrinador:

> "Onerosidade quer dizer que só haverá contrato de trabalho desde que exista um salário, convencionado ou pago.
>
> A doutrina italiana desenvolveu o conceito de oportunidade de ganho. O empregado não receberia diretamente do empregador,

mas teria uma ocasião por este ensejada para que realmente se tornasse um profissional recebendo de terceiros. O exemplo típico é o da gorjeta, pois o empregador oferece ao garçom a chance de viver mediante o trabalho que presta no seu estabelecimento, ainda que sem a percepção de qualquer quantia em dinheiro do proprietário do negócio. No Brasil essa convenção seria impossível, porque, mesmo no caso das gorjetas, o empregador terá de remunerar o empregado diretamente com o salário mínimo ao menos."[24]

O pagamento em comissões não afasta o requisito do salário. Pedimos licença para transcrever as lições do saudoso Valentin Carrion:

> "(...) o salário, basicamente, pode ser por unidade de tempo (por hora, dia, semana, quinzena ou mês e até parcelas anuais), por unidade de obra (quantidade de serviço, por produção) ou misto (por tarefa: combina unidade de tempo e unidade de obra). **O pagamento de comissões ou participação nos lucros não exclui a relação de emprego**."[25] (Grifo nosso).

Nota-se, que a natureza jurídica das comissões é uma modalidade de salário. Pedimos, então, licença para transcrever o entendimento da doutrinadora Alice Monteiro de Barros, citando a compreensão do doutrinador José Martins Catarino.

> "Relativamente à natureza jurídica das comissões a doutrina é praticamente unânime em afirmar que as comissões são "modalidade de salário pago por unidade de obra ou serviço."[26]

A onerosidade deve ser analisada sob o ângulo do emprego no que tange a expectativa de ganho.

> "CONTRATO DE TRABALHO. VÍNCULO EMPREGATÍCIO. O requisito da onerosidade deve ser analisado sob a ótica do trabalhador. Pactuada a prestação de serviço e, tendo o laborista o intuito de auferir um ganho econômico pelo trabalho efetuado, não importa para a caracterização da onerosidade a não efetivação do pagamento pelo empregador." (Título: Relação de Emprego. Subtítulo: Onerosidade. Acórdão: 02990171805 Turma: 04. Data Julg.: 20.4.1999. Data Pub.: 30.4.1999. Processo: 02980190360. Relator: Sonia Maria Prince Franzini).

A jurisprudência manifestou que pagar as comissões do corretor com os cheques dos clientes serve, muitas vezes, não somente para burlar a legislação trabalhista, mas também como uma forma de enganar o consumidor.

---

(24) NASCIMENTO, Amauri Mascaro. *Curso de Direito do Trabalho*. 26. ed. São Paulo: Saraiva, 2011. p. 651.

(25) CARRION, Valentin. *Comentários à consolidação das leis do trabalho*. 31. ed. São Paulo: Saraiva, 2006. p. 38-39.

(26) BARROS, Alice Monteiro de. *Curso de Direito do Trabalho*. 8. ed. São Paulo: LTr, 2012. p. 601.

Assim, pedimos licença para transcrever trecho de acórdão proferido pela Desembargadora Regina Duarte nos autos do Processo 0001634-02.2012.5.02.0011 que tramitou perante a 14ª Turma do TRT da 2ª Região, e que foi disponibilizado em 18 de abril de 2013 no site do TRT da 2ª Região.(27)

> "(...) O pagamento do autor com cheques emitidos pelos clientes não é prova de autonomia, mas apenas outro aspecto da fraude perpetrada pelas reclamadas. Esta prática serve tanto para mascarar a relação de emprego, como para enganar o consumidor, que paga pelos serviços de um corretor que não contratou. A ré, assim agindo, infringe simultaneamente tanto as normas referentes às relações de trabalho, quanto às de proteção das relações de consumo (...)"

Por fim, importante mencionar que o fato de o corretor receber apenas comissão, não recebendo-as todos os meses, não afasta a característica da onerosidade, pois o art. 459 da CLT reconhece como salário o pagamento de comissões, mesmo aquelas que não são mensais.

> "Art. 459. **O pagamento do salário**, qualquer que seja a modalidade do trabalho, não deve ser estipulado por período superior a 1 (um) mês, **salvo** no que concerne a **comissões**, percentagens e gratificações." (Grifo nosso).

Conforme declaramos em linhas anteriores a prestação ou é onerosa ou é gratuita, e o fato de o corretor não receber todos os meses não afasta a característica da onerosidade.

Nota-se que parte da doutrina ao discorrer sobre este artigo fundamenta que as comissões podem ser pagas em período superior a um mês, sendo que parte da doutrina ainda explana com fundamento na Lei n. 3.207/1957:

> "À luz do art. 459 da CLT, o pagamento do salário, qualquer que seja a modalidade do trabalho, não poderá ser estipulado por período superior a um mês, salvo no que concerne as comissões, percentagens e gratificações. Relativamente às comissões, a Lei n. 3.207, de 17 de janeiro de 1957, autoriza a estipulação por até três meses, por meio de ajuste, no tocante aos empregados vendedores, viajantes ou pracistas, ou que exerçam funções iguais, semelhantes ou equivalentes. Nesses casos, entende-se que o salário mínimo deverá ser pago, mensalmente, ao empregado, para posterior acerto, a ser feito trimestralmente. Se todavia, o empregado não atingir, mensalmente, a título de comissões, o valor equivalente ao mínimo legal, este deverá ser sempre assegurado."(28)

Parte da jurisprudência manifestou que a mora contumaz de salário, inclusive durante todo o período, não é empecilho para a caracterização do vínculo de emprego.

> "VÍNCULO EMPREGATÍCIO. MORA SALARIAL CONTUMAZ. ONEROSIDADE CARACTERIZADA. A ausência de onerosidade não pode ser alegada como pretexto para a negativa de vínculo, por quem perpetrou mora salarial contumaz (Decreto-lei n. 368, de 19.12.68) ainda que durante todo o período trabalhado pelo empregado ("nemo auditur propriam turpitudinem allegans"). Recurso a que por maioria se dá provimento."

---

(27) Disponível em: <http://www.trtsp.jus.br>

(28) BARROS, Alice Monteiro de. *Curso de Direito do Trabalho*. 8. ed. São Paulo: LTr, 2012. p. 650.

(Relação de Emprego. Subtítulo: Onerosidade. Acórdão: 20040001088. Turma: 03. Data Julg.: 18.11.2003. Data Pub.: 10.2.2004. Processo: 20030291083. Relator: Ricardo Artur Costa e Trigueiros).

Sobre a forma de remuneração dos corretores por parte de algumas imobiliárias e construtoras, algumas estabelecem na prática um preço em um referido imóvel e de acordo com este valor o cliente da construtora/imobiliária, no ato da aquisição, entrega diversos cheques, sendo estes não contabilizados por algumas construtoras/imobiliárias de forma fiscal como deveriam ser, e desviados para pagamento de seu pessoal no qual inclui os seus corretores, sem que algumas empresas recolham os devidos tributos, e muitas das vezes não abatendo os valores pagos pelo consumidor do saldo devedor do imóvel adquirido, sendo que algumas construtoras/imobiliárias utilizam-se do termo "entrada" para que o cliente entregue tais títulos de crédito.

Tal fato inclusive já é objeto de ação civil pública em algumas empresas do ramo de construções e imobiliário, tanto para defesa do consumidor como por questões fiscais com relação a ausência de contabilização destes valores por tais empresas.

Dessa forma, o Ministério Público vem firmando a Resolução n. 1.256 do COFECI e a ação civil pública e termos de ajustamento de conduta perante grandes empresas que utilizam tais práticas, ilegais, inclusive não contabilizando tais valores para fins de questões previdenciárias e tributárias. Tal informação foi extraída do site da Revista Valor[29].

Assim sendo, nada impede o magistrado, ao analisar o vínculo de emprego e a questão da onerosidade e verificar as situações anteriores descritas, de oficiar ao Ministério Público e Ministério Público do Trabalho, além da Delegacia da Receita Federal e Polícia Federal, para que sejam apuradas tais práticas.

No mais, a comissão deve ser paga por aquele que contrata o corretor, geralmente a empresa reclamada, e caso fique provado no processo trabalhista a existência de fraude a direitos do consumidor e fiscais, o magistrado ou a parte interessada poderá comunicar tal fato aos órgãos de direito do consumidor, Ministério Público, tanto Federal como Estadual, além da Receita Federal do Brasil e Polícia Federal, para averiguação dos fatos caso comprovados, cabendo, portanto, cautela no ato da feitura da defesa, e a empresa também deverá ter cuidado na forma de remuneração de seu pessoal.

### 4.2.4. Não eventualidade

Pelo requisito da não eventualidade devemos ter em mente que para os serviços de natureza não eventual deve haver a atividade rotineira/habitual do empregador.

---

(29) Disponível em: <http://www.valor.com.br/brasil/1073740/construtoras-respondem-por-taxa-de-corretagem>.

Assim, e analisando a não eventualidade ao objeto do nosso estudo, podemos afirmar que o trabalho do corretor de imóveis não é eventual em relação a uma imobiliária.

O trabalho do corretor poderá ser considerado não eventual em relação a uma construtora quando, por exemplo, esta "cria" um departamento de venda próprio — o que é comum na prática — ou que a atividade do corretor seja importante para a empresa, ou até mesmo quando os serviços do corretor forem necessários e integrarem a estrutura da empresa.

Segue entendimento jurisprudencial para elucidar tal aspecto.

> **"Se o empregado exerce função ligada à atividade-fim da empregadora, fica totalmente afastada a possibilidade de trabalho autônomo, dada a necessidade permanente dos serviços prestados.** Presentes os requisitos do art. 3º Consolidado, torna-se patente o reconhecimento do vínculo empregatício." Ac. (unânime) 1ª Reg. 9ª T. (RO 252/92), Rel. Juiz Lauro da Gama e Souza, DO/RJ 5.12.94, p. 191, "Dicionário de Decisões Trabalhistas", B. C. Bonfim, 25ª Edição, Ementa n. 3.809. (Grifo nosso).

Dessa forma, e com todo respeito às opiniões contrárias, entendemos que o requisito da eventualidade não se dá na relação entre corretor e imobiliária ou entre corretor e construtora, posto a necessidade de serviços permanentes.

### *4.2.5. Pessoa Física*

É claro que para ser reconhecido o vínculo de emprego a pessoa que presta serviços deve ser pessoa física, sendo este um dos requisitos para a formação do vínculo de emprego.

Ocorre que algumas empresas, com o objetivo de mascarar este vínculo, determinam que os corretores, como condição para prestarem serviços, abram uma empresa — pessoa jurídica —, muitas vezes para fraudar ou desvirtuar o vínculo de emprego, o que conhecemos como "pejotização".

Dessa forma, e conforme afirmamos em linhas anteriores, se o reclamante for empregado preenchendo todos os requisitos do art. 3º da CLT, deve, na situação anterior, requerer a nulidade da abertura de empresa nos termos do art. 9º da CLT.

### *4.2.6. Não suportar os riscos do negócio*

A doutrina e a jurisprudência de forma majoritária vêm entendendo que o empregador é quem deve suportar os riscos do negócio e não o empregado; isso ocorre porque se o empregado suportar os riscos do negócio, via de regra, em tese não será empregado.

No que tange a prc ıssão dos corretores de imóveis muitas imobiliárias e construtoras, quando se deparam com o pedido de vínculo de emprego, em suas contestações muitas vezes argumentam, por exemplo, que o corretor suportava os riscos do negócio já que durante alguns meses não vendiam nada, usavam veículo próprio, tinham telefone celular próprio, entre outras argumentações.

Assim, realiza-se a seguinte pergunta: O corretor que recebe apenas mediante comissão, e trabalha, por exemplo, para determinada imobiliária e/ou construtora, sendo que em alguns meses recebe comissão pelas vendas realizadas e em outros meses que nada vende, nada recebe, tal fato por si só comprova que ele é autônomo e que assume os riscos do negócio?

Para nós, e com todo o respeito aos entendimentos contrários, tal fato não comprova que ele seja autônomo, devendo o profissional analisar outros elementos, principalmente a subordinação jurídica e/ou estrutural.

Nota-se que infelizmente algumas decisões baseadas no fato de o corretor em alguns meses nada receber, mesmo estando presente a subordinação jurídica, muitas vezes julgam improcedente o pedido de reconhecimento do vínculo, frequentemente com fundamento na teoria do risco.

No nosso sentir, o fato de o corretor perceber alguns meses e em outros nada perceber, muitas vezes é em função do não cumprimento da lei pela empresa, já que a mesma deveria arcar pelo menos com o salário mínimo (art. 7º, VII da CF/88) nos meses em que o corretor não realizou nenhuma venda (isso se o corretor tiver os requisitos do art. 3º da CLT).

Defender a forma contrária seria beneficiar aquele que comete a própria torpeza.

É sempre bom repisar que o profissional do direito, seja ele advogado, magistrado ou promotor, deve analisar a prova como um todo em virtude ao princípio da unidade da prova e, principalmente a questão da subordinação jurídica.

Na prática também percebemos que algumas decisões não reconhecem o vínculo de emprego, aduzindo, por exemplo, que o corretor arcava com os riscos do negócio já que desembolsava seu próprio dinheiro para o combustível de seu veículo.

Data máxima vênia, não nos parece acertado tais pensamentos, pois conforme leciona a doutrina e a jurisprudência de forma majoritária, para assumir os riscos do negócio, deve-se verificar a existência de grandes gastos, tais como: o corretor que disponibiliza recursos financeiros para "montar" um stand de vendas, contrata funcionários como recepcionistas, etc.

Sobre a teoria do risco, importante transcrever entendimento do saudoso doutrinador Amauri Mascaro Nascimento que cita que o empregado muitas vezes sofre os riscos do negócio, com uma análise crítica a esta teoria.

> "A teoria do risco que distingue o trabalhador autônomo do subordinado sob o vértice dos riscos da atividade que exerce também não é conclusiva. Basta lembrar que uma crise econômica leva a empresa a dividir os riscos da atividade com o trabalhador. Não faltam outros exemplos assim, dos quais bastam dois: falência e recuperação de empresa. Sirvam também de exemplos as leis que permitem redução geral do salário nos casos de força maior, redução do trabalho e do salário diante da conjuntura econômica etc. Se fecha o estabelecimento por gestão ruinosa do empresário, o trabalhador pode ser afetado. Logo, quer dizer que o empregado não sofre os riscos da atividade econômica é uma falácia."(30)

A jurisprudência vem posicionando que o corretor de imóveis que trabalha em estrutura fornecida pela empresa imobiliária tal fato por si só não quer dizer que o corretor seja empregado.

> "CORRETOR DE IMÓVEIS. RELAÇÃO DE EMPREGO. O fato de o corretor exercer atividades em estrutura fornecida pela empresa imobiliária e sob condições impostas pela contratante, não traduz a existência de vínculo de emprego porquanto decorrem tanto da natureza de sua atividade — "intermediação" de negócios — quanto de uma subordinação contratutal típica, já que quem contrata detém a faculdade de fixar diretrizes mínimas quanto ao modo de execução do trabalho e máximas quanto ao seu resultado." (Tipo: Recurso Ordinário. Data de Julgamento: 11.9.2012. Relator(a): Rafael E. Pugliese Ribeiro. Revisor(a): Valdir Florindo. Acórdão n.: 20121075111. Processo n.: 20120015871. Ano: 2012. Turma: 6ª. Data ne Publicação: 19.9.2012).

Dessa forma, devemos estar atentos àquilo que vem a ser suportar os riscos do negócio, sendo que existem diversas posições sobre o tema, devendo o profissional analisar o caso em concreto, sempre se perguntando ante o caso concreto se a conduta do corretor poderia inviabilizar as atividades da empresa ou causar prejuízos de grande monta? No nosso entender caso a resposta seja positiva, ele, o corretor, suporta os riscos da atividade econômica.

## 4.3. INDÍCIOS DE VÍNCULO DE EMPREGO

### 4.3.1. *Trabalhar para outrem*

O empregado sempre trabalha para alguém, podendo este ser um indício do vínculo de emprego, mas resta mencionar que o fato de o trabalhador

(30) NASCIMENTO, Amauri Mascaro. *Curso de Direito do Trabalho*. 27. ed. São Paulo: Saraiva, 2012. p. 576.

laborar para outrem não significa que aquele prestador de serviços seja empregado, porque no trabalho autônomo, eventual, entre outros também, verificamos a presença de um trabalhador prestando serviços a outrem, mas não necessariamente tratava-se de um empregado, devendo sempre ser analisado o caso em concreto em conjunto com os demais requisitos.

### *4.3.2. Trabalhar com exclusividade*

Importante mencionar que a exclusividade na prestação de serviços não é requisito para a configuração do vínculo de emprego, podendo o corretor de imóveis prestar serviços, por exemplo, a duas imobiliárias simultaneamente e nestas duas ser empregado ou ser autônomo, ou, ainda, em uma ser empregado e na outra autônomo; ou seja, tudo dependerá do modo de labor do corretor de imóveis.

Nesse sentido, passamos a transcrever jurisprudência que admite a configuração do vínculo de emprego em duas empresas diferentes, analisando a questão da exclusividade.

> "TÍTULO: RELAÇÃO DE EMPREGO. SUBTÍTULO: EXCLUSIVIDADE. Vínculo de emprego com duas empresas diferentes, de forma concomitante. Não há impossibilidade, já que exclusividade não é requisito para configurar vínculo de emprego." (Acórdão: 20100323930. Turma: 03. Data Julg.: 13.4.2010. Data Pub.: 23.4.2010. Processo: 20100134097. Relator: Maria De Lourdes Antonio).

Contudo, verificamos na prática muitas construtoras e imobiliárias estabelecendo contratos de "parceria" ou de "autônomos", ou "regulamento de empresa", e, muitas vezes proibindo o corretor de trabalhar para outras empresas, devendo aquele corretor ser exclusivo. Disso decorre que nesta situação há um indício de que o corretor de imóveis é empregado, em que pese vozes em sentido contrário.

O E. TRT da 2ª Região em processo que reconheceu o vínculo de emprego de um corretor de imóveis, decidiu que a exclusividade não é requisito para a relação de emprego, podendo o reclamante prestar serviços concomitantemente para outras empresas do mesmo ramo imobiliário. Vejamos trecho do acórdão:

> "(...) A exclusividade não é um requisito da relação de emprego e, portanto, não havia impedimento para que o reclamante prestasse, concomitantemente, serviços a diversas empresas do ramo imobiliário (...)" (Processo TRT/SP n. 00015194420125020087. 5ª Turma. Rel. Jomar Luz de Vassimon Freitas. Julgamento em: 19.11.2013. Publicação em: 28.11.2013).

Todavia, importante repisar que a prova do vínculo de emprego deve ser realizada em seu conjunto e com observância aos demais requisitos descritos no art. 3º da CLT.

### 4.3.3. *Estar sujeito a horários ou escalas*

Na prática é comum observar que os corretores de imóveis costumam trabalhar com horários pré-determinados pela imobiliária e/ou construtora, sendo que muitas vezes estas escalas são enviadas por e-mail demonstrando um grande indício de subordinação jurídica.

O fato de o corretor estar sujeito a horários e escalas determinadas pela empresa demonstra, como afirmamos em linhas anteriores, o vínculo de emprego ou um grande indício deste vínculo, porque o verdadeiro autônomo é o "patrão de si mesmo", não necessitando que ninguém determine o seu horário, entre outros aspectos.

Existem linhas de defesa que afirmam que os horários seriam opcionais assim como as escalas. No entanto, se são opcionais e os corretores livres para cumprir, porque existem? Quando as empresas as determinam, correm o risco de que seja provado ou entendido não serem opcionais, já que em sua maioria trazem horários ou jornadas estabelecidas por prepostos das mesmas.

Assim, cabe as empresas do ramo imobiliário ter cautela quando da adoção desta espécie de controle de jornada ou organização quando se planeja a implementação de trabalhadores realmente autônomos, pois sua aplicação pode gerar riscos da relação das partes e ser na verdade uma relação celetista.

### 4.3.4. *Possuir superiores hierárquicos*

O indício de possuir superiores hierárquicos é de grande importância, visto que, e com todo o respeito aos que pensam de forma contrária, não conseguimos vislumbrar esta figura no trabalho autônomo.

Nota-se que é comum muitas imobiliárias, construtoras e empresas do ramo contratarem corretores de imóveis atribuindo frequentemente o nome suntuoso de "corretor autônomo", "parceiro", entre outras nomenclaturas, quando este profissional muitas vezes está subordinado a coordenadores, gerentes, superintendentes e até mesmo a uma diretoria.

Com o devido respeito aos que divergem desta ideia, o fato de o corretor trabalhar de forma subordinada, por exemplo, a um gerente, é um grande indício de que este profissional é empregado. Menciona-se grande indício, pois para preencher os requisitos da relação de emprego deve ser considerado cumulativamente com outros requisitos, como por exemplo, a onerosidade, entre outros narrados em linhas anteriores.

Parte da jurisprudência se posicionou no sentido de que é impossível que um autônomo esteja sob a chefia de um gerente. Vejamos:

"(...) A prova testemunhal foi desfavorável às reclamadas nos que diz respeito ao requisito dependência ou subordinação do empregado ao empregador. A primeira testemunha da reclamada (fls. 176) afirmou que era gerente do reclamante. **É impossível a caracterização do trabalho autônomo sob o comando de um gerente. A função do gerente é gerenciar, comandar, dar ordens, dirigir a prestação dos serviços e o modo de execução.** Diante disso, a informação constante do depoimento da segunda testemunha das reclamadas não é veraz e idôneo vez que a testemunha anterior já havia informado que era o gerente do autor.

Restou evidente que o reclamante trabalhava nas dependências das reclamadas, principalmente nos stands de vendas, como é público e notório, e em atividades ligadas a sua finalidade como empresa e sob o seu comando, na pessoa do gerente.

A subordinação a ser observada é a objetiva, qual seja: não importa se o empregado recebe ou não ordens. Importa, sim, saber quem, pelas circunstâncias lógicas que cercam a prestação dos serviços, podia proferi-las. E nem adianta as testemunhas afirmarem que o autor não recebia ordens vez que a figura do gerente ("gerente do reclamante", como disse a testemunha) gera a presunção absoluta da existência de ordens normais para a execução dos serviços.

No caso concreto, se as reclamadas intermediavam a venda de imóveis e essa venda é feita por corretores, como restou incontroverso, a conclusão inevitável é a de que o reclamante estava sujeito às ordens das rés, nascendo aí a subordinação jurídica. E mais, toda a estrutura para a venda quem possuía eram as reclamadas e não o reclamante que apenas colocava a favor das reclamadas a sua força de trabalho.

O autor contribuía, com seu trabalho, de forma decisiva para que as reclamadas obtivessem proveito econômico com as vendas, atingindo, assim, sua finalidade econômica principal de forma satisfatória. Autônomo é aquele que trabalha por conta própria, tendo em si uma unidade produtiva, possuindo os meios para exercer suas atividades e que assume os riscos das mesmas, o que não era o caso do reclamante.

**Reprisando, autônomo não tem gerente a lhe comandar.**

O fato de as testemunhas das reclamadas terem afirmado que não havia horário fixo de trabalho e nem metas de vendas em nada altera o raciocínio aqui demonstrado. Isso porque, sendo as reclamadas intermediadoras de vendas de imóveis, como já dito, é óbvio que queriam, e precisavam, vender imóveis, o que era feito pelos vendedores, inclusive o reclamante. E quanto mais imóveis vendidos, maiores comissões e, consequentemente, maior lucro para a empresa. Essa conclusão é óbvia e não há afirmação em contrário que possa alterá-la. A realidade é que o vendedor participa de todos os plantões possíveis para obter mais ganhos.

A situação presente, na verdade, se repete com constância: trata-se de empresa que admite trabalhador para atuar em atividade ligada às suas, não o registra, e em defesa alega autonomia, com a clara finalidade de fraudar a legislação trabalhista.

Não se pode olvidar do princípio da primazia da realidade, que vigora no direito do trabalho, fazendo prevalecer o conteúdo sobre a forma e aparência. As normas atinentes à relação de emprego são de ordem pública, e não podem ser derrogadas pela vontade das partes. A relação de emprego é regida, e protegida, pela CLT (art. 3º) e pela Constituição Federal (art. 7º, I). A Lei n. 4.594/64 somente pode ser aplicada ao corretor autônomo que atua por conta própria, possui estrutura de vendas, trabalha sem exclusividade e não se submete a "gerentes".

Dessa forma, declaro que houve relação de emprego entre o reclamante e as reclamadas, no período indicado na inicial, que não foi impugnado especificamente, na função de vendedor de imóveis (...)" (TRT 2ª Região. 15ª Turma. Relator Jonas Santana de Brito. Vara de Origem 66ª Vara do Trabalho de São Paulo. Processo TRT/SP n. 01158200806602003.) (Grifo nosso).

Em nossa avaliação, este entendimento está correto, pois, como bem relatado no V. Acórdão, "autônomo" não tem gerente.

Ao analisar o dicionário observamos que as palavras "gerente", "superintendente" e "coordenadores" já demonstram, por si só, a relação de emprego, porque o verdadeiro "autônomo" não possui gerentes, coordenadores ou superintendentes, sendo considerado o "patrão de si mesmo".

Dessa forma, ao analisar a palavra "gerente" no dicionário(31) observamos que designa a pessoa que gere ou administra, sendo que a figura do gerente aparece apenas em relações de emprego (subordinado) e jamais em relações de trabalho autônomo, porque um trabalhador autônomo não necessita de ninguém para administrar ou gerir seu trabalho.

Ao analisar a palavra coordenador(32) também constatamos que trata-se de uma pessoa que coordena, sendo que a figura do coordenador demonstra a subordinação, principal requisito que diferencia a relação de trabalhador autônomo da relação de emprego.

Nota-se que a própria nomenclatura da palavra "coordenador" trata de uma pessoa que ordena, sendo este um grande indício de que o corretor de imóveis que possui um coordenador é, via de regra, subordinado.

O mesmo ocorre com a função de superintendente, que, ao analisar o significado da referida palavra no dicionário(33), constata-se que se aplica a pessoas que direcionam obras e trabalhos.

Na prática é comum observar um corretor trabalhando para determinada imobiliária e/ou construtora, sendo que geralmente o corretor está subordinado a coordenadores que circulam pelos plantões, corretores sendo submetidos a escalas e ordens de gerentes, superintendentes e até mesmo da diretoria.

Dessa forma, demonstra-se por meio de um gráfico a relação mais corriqueira na prática destes profissionais.

---

(31) Dicionário Priberam da Língua Portuguesa. Disponível em: <http://www.priberam.pt/dlpo/default.aspx?pal=gerente>. Acesso em: 1º dez. 2012.

(32) Dicionário Priberam da Língua Portuguesa. Disponível em: <http://www.priberam.pt/dlpo/default.aspx?pal=coordenador>. Acesso em: 1º dez. 2012.

(33) Dicionário Priberam da Língua Portuguesa. Disponível em: <http://www.priberam.pt/dlpo/default.aspx?pal=coordenador>. Acesso em: 1º dez. 2012.

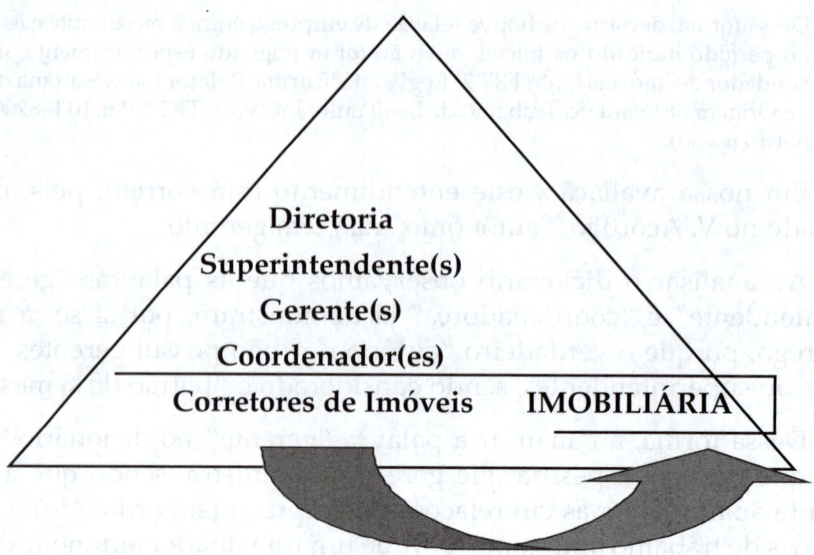


**Figura 1 — Estrutura Organizacional**

Nota-se que colocamos a imobiliária como exemplo apenas para que o leitor observe que na maioria das vezes o corretor de imóveis trabalha para a atividade fim da mesma.

Parte da doutrina se dedica ao estudo da *subordinação estrutural ou integrativa,* sendo que para tais defensores se o empregado exercer seu trabalho para a atividade fim da empresa, como no exemplo tratado, este trabalhador será empregado. Vejamos o entendimento da doutrina sobre este assunto:

> "Estrutural é, finalmente, a subordinação que se expressa "pela inserção do trabalhador na dinâmica do tomador de seus serviços, independentemente de receber (ou não) suas ordens diretas, mas acolhendo, estruturalmente sua dinâmica de organização e funcionamento." Nesta dimensão da subordinação, não importa que o trabalhador se harmonize (ou não) aos objetivos do empreendimento, nem que receba ordens diretas das específicas chefias deste: o fundamental é que esteja estruturalmente vinculado a dinâmica operativa da atividade do tomador de serviços."(34)

Parte da jurisprudência também vem se posicionando no mesmo sentido:

> "Subordinação Estrutural a Teor da Exegese dos arts. 2º e 3º da CLT: manifesta-se pela inserção do trabalhador na dinâmica do tomador de seus serviços, independentemente de receber (ou não) suas ordens diretas, mas acolhendo, estruturalmente, sua dinâmica de organização e funcionamento. Agravo de petição improvido." (Tipo: Agravo de

(34) DELGADO, Mauricio Godinho. *Curso de Direito do Trabalho*. 9. ed. São Paulo: LTr, 2010. p. 284.

Petição. Data de Julgamento: 23.10.2012. Relator(a): Ricardo Verta Luduvice. Revisor(a): Odette Silveira Moraes. Acórdão n.: 20121240341. Processo n.: 01258008420055020421. Ano: 2012. Turma: 11ª. Data de Publicação: 30.10.2012).

"VÍNCULO EMPREGATÍCIO. SUBORDINAÇÃO ESTRUTURAL. A recorrente exerce atividade econômica no ramo de transporte e o obreiro era motorista, logo, estava inserido na organização produtiva da empresa, o que configura a subordinação estrutural. Além disso, a própria recorrente admitiu que possuía motoristas registrados e autônomos, revelando manobra fraudatória tendente a prejudicar direitos trabalhistas (art. 9º, CLT). A prevalecer o que ordinariamente acontece, não é razoável que, para uma mesma função, existam, na mesma empresa, obreiros que recebem ordens e outros que não." (Tipo: Recurso Ordinário. Data de Julgamento: 14.2.2012. Relator(a): Sergio Roberto Rodrigues. Revisor(a): Ricardo Verta Luduvice. Acórdão n.: 20120137555. Processo n.: 00859006020085020463 (00859200846302009). Ano: 2010. Turma: 11ª. Data de Publicação: 17.2.2012).

Importante transcrever o entendimento do Juiz Sérgio Cabral dos Reis quando analisa a subordinação estrutural.

> "Se o serviço prestado se insere na organização produtiva da empresa, não há autonomia, já que o trabalhador não organiza a própria atividade, mas deixa seu trabalho ser utilizado na estrutura da empresa, como essencial à realização da finalidade desta. Nesse contexto, verifica-se a subordinação, quando a atividade do trabalhador é essencial para que a empresa desenvolva sua atividade-fim.
>
> A subordinação estrutural supera as dificuldades de enquadramento de situações fáticas em que o conceito clássico tem se mostrado insuficiente, a exemplo de fenômenos contemporâneos como o teletrabalho, viabilizando não apenas alargar o campo de incidência do Direito do Trabalho, instrumento de realização de justiça social, como também conferir resposta normativa eficaz a alguns de seus mais recentes instrumentos desestabilizadores, em especial a terceirização.
>
> Assim, em resumo, a configuração do vínculo empregatício pressupõe que o trabalhador esteja inserido na estrutura da empresa e que ofereça prestação laboral indispensável aos fins da atividade empresarial. Em outras palavras, a subordinação, em sua dimensão estrutural ou integrativa, faz-se presente, quando a prestação de trabalho integra as atividades exercidas pela empresa, e o trabalhador não possui uma organização empresarial própria, não assume verdadeiramente riscos de perdas ou de ganhos e não é proprietário dos frutos do seu trabalho, que pertencem, originariamente, à organização produtiva alheia para a qual presta a sua atividade."[35]

---

(35) Disponível em: <http://www.trt13.jus.br/informe-se/noticias/2012/02/juiz-escreve-artigo-sobre- subordinaassapso-estrutural>.

O brilhante doutrinador e desembargador Carlos Henrique Bezerra Leite, em alguns julgados relacionados a pedido de vínculo de emprego de corretor de imóveis com imobiliária ou construtora, vem mencionando e aplicando a subordinação estrutural, conforme podemos observar em trecho de acórdão:

"(...)

De acordo com o ilustre juslaborista "estrutural é, pois, a subordinação que se manifesta pela inserção do trabalhador na dinâmica do tomador de seus serviços, independentemente de receber (ou não) suas ordens diretas, mas acolhendo, estruturalmente, sua dinâmica de organização e funcionamento." O presente conceito insere-se na teoria dos fins do empreendimento (ou fins da empresa), segundo o qual é eventual somente o trabalhador que realiza tarefa que não pertine aos fins normais da empresa.

Em outros termos, se o trabalhador executar serviços essenciais à atividade fim da empresa, inerentes à sua atividade econômica, haverá subordinação estrutural, pois o trabalhador integra a dinâmica produtiva empresarial." (Acórdão — TRT 17ª Região — 01308.2007.012.17.00.4. 2ª Turma do TRT da 17ª Região. Desembargador Relator Carlos Henrique Bezerra Leite. Julgamento: 7.10.2010).

Assim sendo, a análise da subordinação estrutural é de grande importância, pois, conforme visto, esta vem sendo reconhecida em alguns julgados, bem como mencionada em obras renomadas.

Embora em alguns julgados não tenha sido possível encontrar o nome da subordinação estrutural, geralmente observamos no conteúdo a aplicação de tal pensamento:

"Natureza do vínculo jurídico. Liame empregatício x caráter autônomo dos serviços prestados. Execução de serviços voltados à atividade-fim da reclamada. Concurso dos elementos fático-jurídicos dos arts. 2º e 3º da CLT presentes no processado. Imposição do reconhecimento do vínculo empregatício. Recurso da reclamada improvido." (TRT da 02ª Região. Processo n. 0001352-20.2012.5.02.0445. 4ª Turma. Relator Maria Isabel Cueva Moraes).

Contudo, resta mencionar que este entendimento ainda encontra-se tímido na jurisprudência, porque a maior parte dela ainda analisa a questão do vínculo principalmente sobre o enfoque da subordinação jurídica.

### *4.3.5. Não ter liberdade para negociar a comissão*

Algumas imobiliárias e/ou construtoras registram seus corretores em CTPS para receberem salário mensal, de forma comissionada ou ainda de forma mista — comissão mais salário fixo.

O problema maior ocorre quando a construtora ou imobiliária não registra seu pessoal, e tentando mascarar o vínculo de emprego assinam contratos de "parcerias" ou "autônomos", o que é comum e infelizmente observamos isso na prática.

A maioria dos corretores percebem seus salários das comissões sobre as vendas efetuadas em percentual geralmente já fixado pela empresa a qual presta serviços.

Nota-se que a falta de liberdade do corretor em negociar seus "honorários de corretagem", no nosso entendimento, é um indício de que aquele corretor não é autônomo, mas sim empregado, pois o verdadeiro autônomo tem liberdade de negociar seus honorários a título de corretagem, o que geralmente gira em torno de um percentual entre 4% a 6% sobre a venda realizada, situação diversa da que encontramos na prática em que na maioria das vezes diversas construtoras e imobiliárias remuneram seus corretores com percentuais entre 0,88% a 1,5%, ou ainda com percentuais inferiores a estes.

Lembrando que o pagamento de comissões é distinto de prêmios, que embora pelo próprio nome integre a remuneração, não são comissões.

### *4.3.6. Ser obrigado a cobrar SATI*

Na prática percebemos que muitas imobiliárias e construtoras cobram o que chamamos popularmente de "SATI" (Serviço de Assessoria Técnica Imobiliária), sendo que muitas vezes a própria imobiliária determina que o corretor de imóveis cobre essa taxa do consumidor, sob pena de descontá-la da comissão do corretor.

Dependendo da construtora ou imobiliária esse termo "SATI" às vezes é substituído por outras nomenclaturas como "ATI" (Acessória Técnica Imobiliária), entre outros.

Assim, antes de analisar se o fato de o corretor cobrar a referida taxa pode ser um indício de que aquele corretor é ou não empregado, devemos entender um pouco sobre esta taxa.

O Serviço de Assessoria Técnica Imobiliária, mais conhecido como "SATI", muito usual na prática por algumas construtoras e/ou imobiliárias, nada mais é do que uma taxa destinada a remunerar os advogados das construtoras, cobrado, na grande maioria das vezes, de forma obrigatória dos compradores, vinculando ao negócio sem sequer informe prévio ao consumidor ou aceitação real, o que vem sendo considerado proibido.

Essa taxa costuma ser de 0,88% do valor do imóvel, havendo variações dependendo da construtora e/ou imobiliária.

Há quem afirme que este valor serve como remuneração do advogado para "levantar" a documentação ou realizar o contrato.

Ocorre que esta cobrança muitas vezes se dá de forma abusiva, pois algumas construtoras embutem tal valor no preço do imóvel, ou seja, o cliente somente descobre que irá pagar tal valor no momento da realização da compra do imóvel, sendo que tal "taxa" é imposta ao consumidor de forma obrigatória como condição para aquisição do imóvel.

Há uma vertente que indica que a cobrança do SATI é legal, outros afirmam que é ilegal, porém o problema, conforme já afirmamos em outras oportunidades,[36] está na forma em como essa cobrança é realizada.

O Ministério Público manifestou que tal cobrança é ilegal e vem firmando termos de ajustamento de condutas conforme notícia veiculada na Internet.[37]

Entendemos que o fato de o corretor ser obrigado a cobrar o SATI pode ser um indício de que este seja empregado.

Em nossa avaliação as empresas que realizam tal cobrança e a impõe ao consumidor violam diversos princípios como o da equidade, boa-fé, transparência e informação, sendo que muitos destes princípios estão previstos inclusive no Código de Defesa do Consumidor.

Com todo o respeito às opiniões diversas, esta "taxa" deveria ser arcada pelo fornecedor (construtora ou imobiliária) e não repassada ao consumidor.

Em alguns julgados percebemos a condenação pelo fornecedor em dobro, em outros apenas a restituição do valor pago pelo consumidor, e ainda sendo considerada tal venda em alguns julgados como venda casada. Nesse sentido:

> "REPETIÇÃO DE INDÉBITO. IMPROCEDÊNCIA. COBRANÇA DE SERVIÇOS DE ASSESSORIA TÉCNICO-IMOBILIÁRIA. AUSÊNCIA DE INFORMAÇÃO CLARA E PRECISA SOBRE O SERVIÇO PRESTADO. COBRANÇA INDEVIDA. Arts. 30 e 31 do Código de Defesa do Consumidor. Restituição devida. Devolução do valor em dobro. Não cabimento. Ação que deve ser julgada parcialmente procedente. Recurso provido em parte." (TJSP, Apelação n. 9171332-43.2004.8.26.0000, 14ª Câmara de Direito Privado, Rel. Thiago de Siqueira, j. 31.8.2011).

> "COMPROMISSO DE VENDA DE COMPRA. Promitente comprador que pleiteia a restituição de valores pagos a título de serviços de assessoria técnico-imobiliária (SATI). Sentença de improcedência. Reforma parcial. Cláusula obscura que prevê cobrança da SATI, sem especificar a que serviço útil se refere, com a clareza que o direito de informação do consumidor impõe. Venda casada. Vedação pelo Código de Defesa do Consumidor. Dever das rés de restituir, solidariamente, valores pagos a este título, em dobro. Ação procedente. Recurso provido." (Apelação n. 0059945-84.2010.8.26.0577, da Comarca de São José dos Campos, 6ª Câmara de Direito Privado do Tribunal de Justiça de São Paulo. Rel. Francisco Loureiro. 23.5.2013).

---

(36) Palestra proferida pela Dra. Renata Do Val, em 19 de setembro de 2012, na quarta nobre no CRECI-SP. Disponível em: <http://tv.crecisp.gov.br/>.

(37) Disponível em: <http://www.valor.com.br/brasil/1073740/construtoras-respondem-por-taxa-de-corretagem>.

Dessa forma, devemos estar atentos à referida taxa nas relações não somente trabalhistas como civis e "consumeiristas".

Outro fato que pode reforçar a existência do vínculo de emprego ligado a cobrança da referida taxa é, além da obrigatoriedade da cobrança pelo corretor nas vendas da empresa para qual trabalha, o desconto da mesma de sua remuneração caso esta não seja incluída pelo corretor na venda, por lapso ou por qualquer outra razão sem autorização da empresa.

### 4.3.7. *Respeitar o código de ética, regulamentos ou contratos da empresa*

Na prática muitas vezes observamos corretores de imóveis que são intitulados pela empresa como corretores "autônomos" e, ao analisar o dia a dia desses profissionais, nos deparamos com códigos de ética ou regulamentos aos quais eles estão submetidos.

Habitualmente estes próprios regulamentos já são indícios ou até mesmo provas da relação de emprego, porque muitas vezes em tais regulamentos constam, por exemplo, penalidades como advertência, suspensão, desligamento ou perda da comissão, entre outras questões como confirmação de escalas que devem ser cumpridas de forma assídua e pontual, além da estrutura organizacional da empresa com a menção, por exemplo, de superiores hierárquicos.

Assim, e dependendo do caso em concreto, o código de ética ou regulamento é um relevante meio de prova, porque comprova-se muitas vezes o poder de direção, organização e disciplinar do empregador.

O Colendo Tribunal Superior do Trabalho, nos autos do Processo RR-24400-77.2006.5.02.0005, reconheceu o vínculo de emprego com base no próprio código de ética da imobiliária conforme constatamos em notícia no site do TST[38], datada de 18 de outubro de 2012.

Assim, caso a empresa pretenda contratar corretores realmente autônomos deve colocar regras compatíveis com tal condição e não estabelecê-las como se fossem para um empregado, evitando assim a configuração de vínculo de emprego.

### 4.3.8. *Receber salário ou comissão (Análise da onerosidade)*

Conforme afirmamos em linhas anteriores, a onerosidade deve ser analisada sob o ponto de vista do trabalhador e não da empresa. Na prática é

(38) Disponível em: <http://www.tst.jus.br/noticias/-/asset_publisher/89Dk/content/id/2860727>.

comum que os corretores percebam suas comissões por meio de cheques, e muitas vezes estes são entregues pela imobiliária ou construtoras, como já abordado em item anterior.

Ocorre que algumas imobiliárias ou construtoras, com o intuito de mascarar o vínculo de emprego, pagam as comissões a seus corretores mediante cheques de seus clientes (da imobiliária/construtora).

Nota-se que a praxe no mercado é o cliente pagar a imobiliária e esta repassar um percentual a seus corretores.

Dessa forma, muitas vezes o corretor de imóveis recebe o cheque da imobiliária, sendo que este é muitas vezes do cliente da imobiliária ou do adquirente do imóvel.

Casualmente temos situações em que o cliente susta o cheque ou volta sem fundos, e disso decorre o fato de muitos corretores executarem o título de crédito (cheque). Perguntamos: O fato de o corretor executar o título extrajudicial (cheque) descaracteriza a relação de emprego?

No nosso entendimento, o fato do corretor de imóveis executar um cheque não descaracteriza a relação de emprego: primeiro porque o cheque é um título de crédito autônomo ao negócio que foi originado, logo quando se executa um cheque não é necessário mencionar o negócio a que foi originado; segundo porque é notório na prática tal pagamento por meio das imobiliárias e construtoras; e, em terceiro lugar qualquer pensamento de forma contrária beneficiaria aquele que está agindo com a sua própria torpeza.

Nestas situações, ou seja, quando o corretor de imóveis executa um título de crédito, é comum observar na prática questionamentos por parte da Reclamada como "O Reclamante processou um/o cliente" ou "O Reclamante cobrou sua comissão do cliente X", e, muitas vezes por falta de conhecimento da lei ou da real situação, o Reclamante (corretor de imóveis) responde de forma positiva, sendo que em ata muitas vezes tal resposta acaba dando a impressão de que o corretor de imóveis cobrou a comissão do cliente e não que executou um título de crédito autônomo, fazendo parecer que o cliente era do corretor e que este então era autônomo.

Desta forma, seria importante que tanto os advogados como os juízes, no momento de realizar as perguntas em audiência, tenham a sensibilidade de verificar a verdade real, porque uma coisa é cobrar a comissão do cliente e outra totalmente diversa é receber um cheque da imobiliária e executar referido cheque que é título de crédito autônomo.

No mais, quanto ao item da onerosidade remetemos também ao conteúdo do item 4.2.3 do presente livro.

### 4.3.9. *Trabalhar com exclusividade*

Conforme afirmamos em linhas anteriores, a exclusividade não é requisito para a configuração do vínculo de emprego, porém observamos na prática diversas imobiliárias e/ou construtoras realizando contratos de "autônomo", e ao observarmos tais contratos constatamos amiúde a obrigatoriedade do corretor trabalhar de forma exclusiva, sendo que tal informação poderá ser um indício do vínculo de emprego.

Nota-se que tal informação pode intercorrer por e-mail ou até mesmo ser declarada de forma verbal, como por exemplo, em uma reunião.

### 4.3.10. *Trabalhar para a atividade fim da empresa*

Conforme exposto a subordinação segundo alguns doutrinadores pode ser estrutural. Assim, muitos magistrados analisam se a atividade desenvolvida pelo corretor está inserida na atividade fim da empresa.

Quando se discorre sobre atividade fim deve se ter em mente a ideia de atividade principal da empresa, como, por exemplo, em uma imobiliária sua atividade fim é a venda de imóveis.

Desta forma, pedimos licença para transcrever ementa de relatoria do Desembargador Carlos Henrique Bezerra Leite.

> "CORRETOR DE IMÓVEIS. VÍNCULO DE EMPREGO. Se o trabalhador desenvolve atividades ligadas à atividade fim da empresa reclamada, impossível a contratação sob forma de parceria, impondo-se o reconhecimento do vínculo de emprego, desde que presentes os requisitos previstos nos arts. 2º e 3º da CLT." (Acórdão — TRT 17ª Região — 0126500-17.2011.5.17.0006. Desembargador Relator Carlos Henrique Bezerra Leite. Julgamento em: 25.2.2013).

Dessa forma, o corretor de imóveis que trabalha para uma imobiliária e/ou construtora, ou seja, para a atividade fim desta, possui um grande indício do vínculo de emprego.

### 4.3.11. *Possuir folga*

Na prática é comum analisar contestações negando categoricamente o vínculo de emprego do corretor de imóveis, e ao se defenderem, por exemplo, do pedido de horas extras, acabam confessando, por exemplo, que o corretor possuía uma folga semanal.

Com a devida permissão para discordar da situação anterior, esta demonstra um grande indício de que o corretor de imóveis é empregado, porque se possui folga, logo chegamos à conclusão de que este corretor possui jornada de trabalho, e, portanto, é empregado.

O instituto da folga é incompatível com a alegação do corretor ser "autônomo", pois o verdadeiro autônomo não precisa de ninguém para dizer quando irá folgar, sendo patrão de si mesmo.

Nesse sentido, pedimos licença para transcrever trecho de sentença proferida pelo ilustre Magistrado Elmar Troti Júnior nos autos do Processo n. 02375007320095020373 que tramitou na 3ª Vara do Trabalho de Mogi das Cruzes:

> **"Escala de folga? Como um corretor pode ter folga se ele é autônomo?** Se tem folga é porque existe jornada de trabalho e obrigatoriedade de comparecimento. Logo, se tem folga, é subordinado, não autônomo (...)" (Processo n. 02375007320095020373). (Grifo nosso).

Quando a empresa por meio de seus prepostos determina o dia de folga do corretor de imóveis, está utilizando o poder de direção e organização que possui, havendo assim vínculo de emprego caso existam os demais requisitos.

### *4.3.12. Obrigar o corretor a realizar panfletagens*

A empresa que determina que seus corretores realizem panfletagens, em nosso entendimento, além de estar desvirtuando o trabalho do corretor de imóveis, está dando ordens a estes trabalhadores, havendo assim um indício de que aquele trabalhador é na realidade um empregado.

Tivemos oportunidade de nos manifestar sobre a panfletagem em uma palestra realizada no CRECI-SP(39), e naquela ocasião alegamos que a panfletagem desvirtua o papel do corretor, sendo inclusive proibida pelo CRECI.

### *4.3.13. Exercer atividade em estrutura fornecida pela imobiliária e/ou construtora*

O fato de o corretor exercer sua atividade em estrutura fornecida pela imobiliária e/ou construtora pode ser um indício de que o corretor de imóveis seja um empregado.

Contudo, devemos ter cautela nesta análise porque uma corrente vem se manifestando no sentido de que o fato do corretor trabalhar em uma estrutura fornecida pela imobiliária, e sob as condições impostas por esta, não caracteriza, por si só, o vínculo de emprego.

---

(39) Palestra proferida pela Dra. Renata Do Val, em 19 de setembro de 2012, na quarta nobre no CRECI-SP. Disponível em: <http://tv.crecisp.gov.br/>.

"CORRETOR DE IMÓVEIS. RELAÇÃO DE EMPREGO. O fato de o corretor exercer atividades em estrutura fornecida pela empresa imobiliária e sob condições impostas pela contratante, não traduz a existência de vínculo de emprego porquanto decorrem tanto da natureza de sua atividade — "intermediação" de negócios — quanto de uma subordinação contratutal típica, já que quem contrata detém a faculdade de fixar diretrizes mínimas quanto ao modo de execução do trabalho e máximas quanto ao seu resultado." (Tipo: Recurso Ordinário. Data de Julgamento: 11.9.2012. Relator(a): Rafael E. Pugliese Ribeiro. Revisor(a): Valdir Florindo. Acórdão n.: 20121075111. Processo n.: 20120015871. Ano: 2012. Turma: 6ª. Data de Publicação: 19.9.2012).

Dessa forma, devemos ter cautela na análise deste indício e analisar a prova como um todo.

### *4.3.14. Presença em reuniões*

A presença obrigatória em reuniões pode ser um indício e até mesmo uma prova de que o corretor de imóveis é empregado.

"RELAÇÃO DE EMPREGO. CORRETOR DE IMÓVEIS. Comparecimento obrigatório à empresa, sujeição a horário, presença em reunião semanal, exercício de atividade essencial à empresa. Vínculo de emprego reconhecido." (Tipo: Recurso Ordinário. Data de Julgamento: 23.3.2004. Relator(a): Rafael E. Pugliese Ribeiro. Revisor(a): Adalberto Martins. Acórdão n.: 20040141149. Processo n.: 00354-2002-003-02-00-2. Ano: 2005. Turma: 6ª. Data de Publicação: 23.4.2004).

Contudo, devemos ter cuidado na análise da presença em reuniões, também devendo ser analisada a prova como um todo, pois podem ser reuniões facultativas ou apenas para dar ciência ao corretor de determinado produto ou tabela.

### *4.3.15. Ter que participar de treinamentos*

O fato de o corretor ser obrigado a participar de treinamentos pode ser um indício ou até mesmo uma prova do vínculo de emprego, porque o autônomo não é obrigado a nada, sendo considerado o patrão de si mesmo.

Ocorre que algumas reclamadas em sede de defesa argumentam que os treinamentos não são obrigatórios, tendo mera liberalidade o corretor, e que o treinamento ajuda o próprio corretor a vender mais imóveis.

### *4.3.16. Ter que atender o "retorno"*

Determinadas empresas (construtoras e/ou imobiliárias), na prática, estabelecem certas regras, sendo que algumas determinam que o corretor que está no plantão, dependendo da numeração do "sorteio", fique à disposição da empresa aguardando algum cliente que já comprou o imóvel e quer apenas mostrá-lo a seus familiares ou amigos, ou até mesmo dar-lhe atenção no que precisar. Esse atendimento é conhecido popularmente entre os corretores como "retorno".

O retorno também poderá suceder quando um corretor atende um cliente que já fora atendido por outro corretor em outra ocasião e que está retornando a imobiliária ou stand de vendas para assinar o contrato ou quer mais detalhes do produto, sendo que tal atendimento também é conhecido na prática como retorno.

Algumas imobiliárias e construtoras estabelecem em seus códigos de ética regulamentos, circulares, inclusive que o último da vez, ou seja, o corretor que no sorteio retirou um número baixo, atenda o "retorno", sendo obrigado a permanecer no stand.

Desta forma, a obrigatoriedade do corretor permanecer no stand é um grande indício e até mesmo uma prova de vínculo de emprego, porque o corretor verdadeiramente autônomo não é obrigado a permanecer no *stand*, podendo retirar-se em qualquer momento, e até mesmo não é obrigado a comparecer ao local.

Cabe verificar também, no caso concreto, se o não cumprimento das regras determinadas pela empresa geram punições, e sendo a resposta positiva o indício de vínculo de emprego é ainda maior.

## 4.4. ANÁLISE DO PRINCÍPIO DA VERDADE REAL

É comum observar na prática que muitos corretores assinam contratos de "parceria" ou de "autônomo", e para recebimento de suas comissões muitas vezes são condicionados a assinatura de 'RPAs' elaborados muitas vezes pela própria imobiliária ou construtora.

Nota-se que caso o advogado do corretor ingresse com uma ação trabalhista postulando o vínculo de emprego, e visualizando que estes documentos não compreendem a realidade, poderá requerer a nulidade de tais documentos nos termos do art. 9º da CLT, porque no direito do trabalho a realidade prevalece sobre a prova empregada, tendo em vista o princípio da primazia da realidade.

Infelizmente percebemos que muitas empresas pedem para o corretor "abrir" uma empresa com o objetivo de fraudar a relação de emprego, sendo certo que até mesmo quanto a estes exemplos poderá o corretor requerer a nulidade da "abertura" desta empresa e requerer o vínculo de emprego com o seu verdadeiro empregador, sendo prudente o advogado pedir a nulidade sabendo do ocorrido desde a peça inicial.

"TRT-PR-14-05-2004 CORRETOR DE IMÓVEIS. VÍNCULO DE EMPREGO. O fato de existir lei regulando a profissão de corretor autônomo, ou de ter sido criada uma empresa em seu nome, não impede o reconhecimento de vínculo, ante o art. 9º da CLT. Se o objeto social da empresa é a compra, venda e locação de imóveis, essa atividade não pode ser terceirizada, sob pena de desvirtuamento de objetivo, máxime se comprovada a subordinação jurídica sob o prisma da corrente objetiva. Recurso dos réus a que se nega provimento."(TRT-PR-17896-2001-651-09-00-8-ACO-08080-2004; Relator: Ney Jose de Freitas. Publicado no DJPR em 14.5.2004).

"CORRETOR DE IMÓVEIS. VÍNCULO DE EMPREGO. Estando presentes todos os elementos da relação de emprego, deve ser reconhecido o vínculo entre o corretor e a corretora de imóveis. Aspectos formais como o contrato assinado entre as partes e a qualificação do autor perante os órgãos fiscalizadores da atividade não impedem a referida caracterização. Recurso Ordinário a que se nega provimento." (Tipo: Recurso Ordinário. Data de Julgamento: 15.6.2011. Relator(a): Sidnei Alves Teixeira. Revisor(a): Celso Ricardo Peel Furtado de Oliveira. Acórdão n.: 20110781915. Processo n.: 01083006020105020055. Ano: 2011. Turma: 8ª. Data de Publicação: 20.6.2011.).

"CORRETOR DE IMÓVEIS. VÍNCULO DE EMPREGO. FRAUDE. CONFIGURAÇÃO. A pretendida autonomia sustentada pelo reclamado, por si só e no caso epigrafado, serve apenas como afronta a princípios basilares que norteiam o Direito do Trabalho, além do exposto no art. 9º, da CLT. Sucumbe frente ao contrato realidade revelado nos autos. Recurso ordinário patronal desprovido." (Tipo: Recurso Ordinário. Data de Julgamento: 31.8.2011. Relator(a): Celso Ricardo Peel Furtado de Oliveira. Revisor(a): Silvana Louzada Lamattina. Acórdão n.: 20111129219. Processo n.: 02008009820095020373 (02008200937302000). Ano: 2010. Turma: 8ª. Data de Publicação: 5.9.2011.).

Importante trazer também os ensinamentos de Américo Plá Rodriguez, em sua obra "Princípios de Direito do Trabalho":

> "o significado que atribuímos a este princípio é o da primazia dos fatos sobre as formas, as formalidades ou as aparências. Isso significa que em matéria de trabalho importa o que ocorre na prática, mais do que aquilo que as partes hajam pactuado de forma mais ou menos solene, ou expressa, ou aquilo que conste em documentos, formulários e instrumentos de controle."(40)

Dessa forma, a análise do princípio da verdade real é extremamente importante em todos os processos, não somente em relação ao pedido de vínculo entre corretor e imobiliária e/ou construtora.

---

(40) RODRIGUEZ, Américo Plá. *Princípios de Direito do Trabalho*. São Paulo: LTr, 1994. p. 227.

# V

# DIVERSAS FORMAS DE ATUAÇÃO DOS CORRETORES DE IMÓVEIS

## 5.1. CORRETOR DE IMÓVEIS NOS PLANTÕES

Após analisar ainda que brevemente sobre o princípio da realidade, faz-se necessário dissertar sobre a forma como pode ser desenvolvido o trabalho do corretor de imóveis, sendo analisados nos próximos itens as formas mais comuns de realização do trabalho destes profissionais.

No nosso sentir, a forma mais comum na prática do trabalho do corretor de imóveis é aquele que fica à disposição da empresa construtora e/ou imobiliária nos plantões de vendas. Visto que é comum passar por um empreendimento e se deparar com placas como "corretores de plantão".

Contudo, existem outras formas do trabalho desses profissionais, conforme descrito nos itens a seguir.

## 5.2. CORRETOR DE IMÓVEIS ONLINE E O TELEMARKETING

Conforme exposto previamente, em um passado não tão remoto, era comum observar o verdadeiro corretor de imóveis autônomo que aproximava as partes, e atualmente, diante do crescimento do mercado imobiliário, observamos grandes construtoras e imobiliárias, muitas vezes estrangeiras, que dominam o mercado de uma forma desmedida, e a cada dia fica mais difícil encontrar o verdadeiro corretor de imóveis autônomo.

Antigamente não tínhamos a informatização, ou seja, o corretor de imóveis entrava em contato com o cliente por telefone ou realizava anúncios em jornal.

Atualmente, tanto o corretor de imóveis como as imobiliárias e construtoras utilizam como principal ferramenta de trabalho o computador e as linhas telefônicas.

A maioria das construtoras e/ou imobiliárias disponibilizam para seus clientes links como "corretores *online*", ou seja, o cliente não precisa mais se deslocar para um stand de vendas, podendo obter todas as informações do empreendimento ou produto pela Internet.

Até mesmo grandes investidores, por vezes, fecham contratos sem ao menos comparecer ao empreendimento ou verificar o produto.

Assim, a tecnologia e a informatização vêm ganhando espaço e, certamente, quem não se adaptar a esta realidade estará defasado profissionalmente e provavelmente fora do mercado.

Dessa forma, as construtoras e imobiliárias na grande maioria das vezes contratam corretores conhecidos popularmente como "corretores *online*" ou de "teleatendimento".

A realização do trabalho destes corretores, que trabalham de forma virtual, pode se dar tanto de forma autônoma como de forma subordinada.

Partindo dessa linha de raciocínio, analisa-se, em um primeiro momento, o trabalho do corretor *online* para uma imobiliária ou construtora, e, em seguida, elucida-se o trabalho do corretor *online* que trabalha em casa ou em sua própria imobiliária.

O trabalho do corretor de imóveis de forma virtual a uma imobiliária ou construtora pode se dar basicamente de duas formas.

A primeira, e mais comum, é o corretor de imóveis que se dirige a imobiliária ou construtora e fica à disposição da empresa no computador aguardando o acesso do cliente, geralmente possui horários próprios inclusive para *"logar"*.

Na maioria das vezes há um sorteio dentro da empresa para estabelecer a ordem de atendimento para que haja uma organização na empresa, igualmente o que ocorre com os corretores escalados nos stands de vendas. Às vezes esse "sorteio" se dá pelo próprio computador, transferindo os clientes de forma ordenada e automática para os corretores na empresa.

Outras empresas determinam que seus corretores internos, além de utilizarem o computador, devam estar *"logados"* para quando o cliente quiser alguma informação, e/ou determinam que os corretores realizem ofertas quando estiverem aguardando esse contato, na maioria das vezes por meio de mailing.

Nota-se, portanto, que nesta hipótese devemos analisar se o corretor de imóveis é ou não empregado e se estão presentes os requisitos exigidos do art. 2º e 3º da CLT, já estudados anteriormente, e na situação fática anteriormente descrita há fortes indícios da existência do vínculo empregatício.

Situação totalmente diversa, e que no nosso ponto de vista demonstra que o corretor de imóveis é autônomo, refere-se àquele profissional que possui sua própria imobiliária ou sua própria *home page*, com produtos diferenciados com total autonomia, aguardando o cliente entrar em contato por meio de um link.

Parte dos corretores (uma minoria), "fazem" a sua própria página na Internet sem ao menos terem imobiliárias (estrutura física), apenas com contato por intermédio de e-mail ou telefone, e/ou sistema de computador que possibilita o contato virtual com o cliente.

Na hipótese ventilada anterior, a regra é a prestação de serviços de forma autônoma.

Contudo, em virtude da modernidade, há também os corretores *online* que trabalham para uma determinada empresa de forma virtual no próprio sistema da empresa, mas em sua residência, com determinação ou escala de dias, jornadas e horários a serem cumpridos, recebendo ordens, sendo que o fato de permanecerem em sua residência não afasta o vínculo de emprego, haja vista inclusive o disposto no art. 6º da CLT.

> "Art. 6º Não se distingue entre o trabalho realizado no estabelecimento do empregador, o executado no domicílio do empregado e o realizado a distância, desde que estejam caracterizados os pressupostos da relação de emprego. *(Redação dada pela Lei n. 12.551, de 2011).*
>
> Parágrafo único. Os meios telemáticos e informatizados de comando, controle e supervisão se equiparam, para fins de subordinação jurídica, aos meios pessoais e diretos de comando, controle e supervisão do trabalho alheio." *(Incluído pela Lei n. 12.551, de 2011).*

Assim, para verificar se a forma de contratação é realmente autônoma ou empregatícia nas novas tecnologias, deve-se levar em consideração não somente de quem é o equipamento ou o portal utilizado, mas principalmente como é utilizado, se é exercido algum controle, restrição ou ordenamento da empresa contratante.

## 5.3. CORRETORES CADASTRADOS EM IMOBILIÁRIAS E CONSTRUTORAS

Outra forma de atuação do corretor de imóveis é aquela em que o corretor se cadastra em diversas imobiliárias e/ou construtoras e quando surge algum cliente interessado o corretor entra em contato com a referida empresa/imobiliária/construtora.

Nessa hipótese, geralmente a prestação de serviços é autônoma, pois realmente o corretor somente preenche um cadastro de pessoa física ou jurídica com dados pessoais, endereço e número de CRECI. Além de seus contatos, informa um *e-mail*, sendo que a pessoa responsável da empresa não lhe dá ordens, apenas entra em contato com este quando necessita de alguma informação, frisa-se que nesta hipótese o corretor não trabalha em sistema de plantões de vendas ou na forma online descrita anteriormente.

Contudo, ainda nessa hipótese, existem problemas quanto à estipulação do valor de comissão que o corretor pretende receber, pois na maioria das vezes no ato do cadastro, a empresa, de forma unilateral, informa quanto o corretor receberá, não sendo este livre para contratar sua comissão com a construtora ou com o seu próprio cliente, já que esta determinação vem da própria construtora/imobiliária, devendo haver reformulações nessa forma de contratação para que se chegue a perfeição do contrato autônomo, e haja inclusive o respeito pelas partes da tabela mínima de honorários profissionais estipuladas pelo órgão de classe das partes.

## 5.4. CORRETORES QUE TRABALHAM PARA A SUA PRÓPRIA IMOBILIÁRIA

O corretor que trabalha para a sua própria imobiliária em tese será autônomo. Segue explanação a respeito.

No parágrafo anterior cita-se "em tese", pois algumas construtoras estão exigindo que seus corretores "abram" imobiliárias ou empresas com o objetivo de desvirtuar a relação de emprego.

> "CORRETOR DE IMÓVEIS. RELAÇÃO DE EMPREGO. É empregado, e não corretor autônomo, o trabalhador que, não obstante titular de uma empresa destinada à comercialização de imóveis, dedica-se, exclusivamente, aos negócios de uma outra, a que se encontra, segundo a prova, juridicamente subordinado. A constituição de uma empresa pelo empregado, nesses moldes, depois de trabalhar como empregado, traduz-se, aliás, por nítida fraude à lei, refletindo apenas o intuito do empregador de mascarar inequívoca relação de emprego." (TRT-24 — RO: 625199777724002 MS 00625-1997-777-24-00-2 (RO). Relator: Macute. Rcio Eurico Vitral Amaro. Data de Julgamento: 20.8.1997. Data de Publicação: DO/MS n. 004634 De 16.10.1997, p. 00047).

Dessa forma, e em homenagem ao princípio da realidade, deve o profissional analisar cada situação fática, sendo realmente autônomo aquele que é proprietário de empresa, a dirige, e possui autonomia em sua gestão, sem que esta seja utilizada como instrumento para fraudar a lei trabalhista.

## 5.5. CORRETORES DE IMÓVEIS (PROSPECÇÃO EXTERNA)

Existem corretores de imóveis que são contratados para fazer o que o mercado imobiliário chama de "prospecção externa". Isto ocorre no chamado "porta a porta", infelizmente na distribuição de panfletos nas ruas da cidade, e em visitas pré-agendadas com clientes potenciais.

Essa forma de trabalho, assim como as demais, pode ser de forma autônoma, por conta própria, geralmente com seu próprio material de divulgação, sem listagem preestabelecida, nos dias, honorários e formas fixadas pelo próprio corretor, sem qualquer ingerência.

Contudo, essa espécie de trabalho também pode ocorrer de forma subordinada em jornadas, horários preestabelecidos, e/ou por meio de escalas pré-definidas pelos prepostos da empresa contratante, e/ou ainda com material da própria contratante e/ou para listagem de clientes da própria contratante.

Assim, novamente cabe ao caso concreto seu enquadramento, mas sabemos que nesta forma de trabalho o corretor também não será necessariamente autônomo como muitos creem.

# VI

# A QUESTÃO DA PARASSUBORDINAÇÃO

## 6.1. INTRODUÇÃO SOBRE A PARASSUBORDINAÇÃO

Embora esta obra tenha como objeto a análise da profissão dos corretores de imóveis, de serem autônomos ou empregados, faz-se necessário estudar sobre a parassubordinação, conceituando e analisando sobre a (im)possibilidade de aplicação em nosso ordenamento, entre outras questões.

No início deste trabalho mencionamos que o corretor de imóveis pode figurar em uma zona cinzenta, entre o trabalho autônomo e o trabalho subordinado, sendo estudado o conceito, entre outras peculiaridades, tanto do trabalho autônomo como do trabalho subordinado.

A doutrinadora Alice Monteiro de Barros, em sua obra, cita que o trabalho parassubordinado é *"(...) um modelo intermediário entre o trabalho subordinado e o trabalho autônomo (...)"*.[41]

A parassubordinação, segundo alguns intelectuais, é um retrocesso histórico, sendo que, para outros, a figura da parassubordinação é uma medida necessária para fornecer direitos a trabalhadores que não possuem nenhuma proteção pela legislação.

## 6.2. CONCEITO DE PARASSUBORDINAÇÃO

Existem diversos conceitos de parassubordinação, sendo que em síntese a doutrina costuma conceituar parassubordinação como sendo o trabalho realizado por pessoa física, que presta serviços autônomos de forma não eventual, coordenada, com percebimento de remuneração, utilizando de uso e/ou estrutura fornecida pelo tomador de serviços.

Sobre o conceito de parassubordinação importante transcrever o entendimento do doutrinador Amauri Mascaro Nascimento.

---

(41) BARROS, Alice Monteiro de. *Curso de Direito do Trabalho*. 8. ed. São Paulo: LTr, 2012. p. 227.

> "O trabalho parassubordinado é uma categoria intermediária entre o autônomo e o subordinado, abrangendo tipos de trabalho que não se enquadram exatamente em uma das modalidades tradicionais, entre as quais se situam a representação comercial, o trabalho dos profissionais liberais e outras atividades atípicas, nas quais o trabalho é prestado com pessoalidade, continuidade e coordenação. Seria a hipótese, se cabível, do trabalho autônomo com características assimiláveis ao trabalho subordinado."(42)

Portanto, a doutrina costuma classificar como elementos da parassubordinação: continuidade, pessoalidade, colaboração e coordenação.

Destarte, o conceito de parassubordinação assemelha-se muito a definição de empregado, mas frisamos que na parassubordinação temos coordenação enquanto na relação de emprego temos a subordinação marcante como grande diferenciador.

## 6.3. (IN)APLICABILIDADE EM NOSSO ORDENAMENTO JURÍDICO

É indiscutível que a legislação trabalhista brasileira não prevê sobre a parassubordinação, a mesma somente é verificada em análise doutrinária, principalmente na doutrina italiana.

Dessa forma, defendemos a sua inaplicabilidade no sistema jurídico brasileiro no momento atual, posto que, como bem analisado pela doutrina, a parassubordinação não está resolvida nem mesmo na itália onde foi originada, e ainda pelo fato de que no Brasil não há legislação a respeito da mesma, podendo a sua aplicabilidade, de maneira inadequada, frustrar direitos trabalhistas que foram conquistados durante muitos anos desde a escravidão.

## 6.4. CRÍTICA À VISÃO DA PARASSUBORDINAÇÃO

Conforme afirmamos, além da legislação brasileira não prever sobre a parassubordinação, a doutrina e a jurisprudência italiana não sedimentaram um entendimento a respeito, demonstrando frágil a sustentação e a aplicação da parassubordinação em nosso sistema jurídico.

Além disso, e observando as conquistas dos trabalhadores na história, desde o século XVIII na Revolução Industrial, e, principalmente no século

(42) NASCIMENTO, Amauri Mascaro. *Curso de Direito do Trabalho*. 27. ed. São Paulo: Saraiva, 2012. p. 587 e 588.

XIX em nosso país, falar sobre parassubordição seria um retrocesso a todo este avanço histórico, que foi motivo de lutas da classe trabalhadora.

Na realidade em nosso país a maioria dos trabalhadores são subordinados (essa é a regra), sendo que muitas vezes esses trabalhadores subordinados recebem os nomes suntuosos de "autônomos", "cooperados", "sócios", apenas com o objetivo de o empregador reduzir custos — que sabemos que são altos.

Segundo a teoria da parassubordinação, o trabalhador não é um subordinado, mas presta uma "colaboração", sendo certo dizer que a parassubordinação em nosso país, com todo o respeito às opiniões divergentes, possibilitaria uma abertura para fraudes e beneficiaria mais as empresas ao invés dos trabalhadores, havendo assim um retrocesso na história do direito do trabalho.

O fundamento do direito do trabalho é a melhoria da condição social, conforme previsão do art. 7º da Constituição Cidadã, mesmo que ainda haja indícios de um determinado processo de autonomia e subordinação, deve ser analisada a intensidade da subordinação na solução do litígio.

Assim, acreditamos que para que as empresas não precisem recorrer a teorias como a da parassubordinação para redução de custos fiscais e trabalhistas, os direitos dos trabalhadores não devem ser reduzidos, e havendo incentivos fiscais por parte do governo diminuindo assim a carga tributária e fiscal das empregadoras, incentivando o trabalho celetista.

# VII

# QUESTÕES CONTROVERTIDAS E PECULIÁRES SOBRE O VÍNCULO DE EMPREGO

## 7.1. O ESTAGIÁRIO PODE PEDIR VÍNCULO DE EMPREGO?

Conforme afirmamos anteriormente, não é um contrato de estágio que determina que o corretor é estagiário, mas sim a realidade dos fatos.

Assim, se estiverem presentes os requisitos do vínculo de emprego nada impede de que seja reconhecido o vínculo de emprego entre o corretor e/ou imobiliária/construtora, sendo tal questão anteriormente examinada.

## 7.2. VÍNCULO DE EMPREGO DE PESSOA NÃO INSCRITA NO CRECI

Em linhas anteriores mencionamos um pouco sobre a possibilidade de reconhecimento do vínculo de emprego da pessoa que não é inscrita no CRECI.

A jurisprudência vem se manifestando de forma majoritária sobre o reconhecimento do vínculo de emprego do corretor/vendedor de imóveis mesmo quando este não possui CRECI.

> "VÍNCULO DE EMPREGO. CORRETOR / VENDEDOR DE IMÓVEIS. POSSIBILIDADE. É possível o vínculo de emprego entre o vendedor/corretor de imóveis com imobiliária desde que provados os requisitos do art. 3º da CLT, especialmente subordinação ao gerente da imobiliária e, ainda mais, quando o vendedor de imóveis não possui registro no CRECI. Vínculo de emprego reconhecido." (Tipo: Recurso Ordinário. Data de Julgamento: 14.4.2011. Relator(a): Jonas Santana de Brito. Revisor(a): Magda Aparecida Kersul de Brito. Acórdão n.: 20110490643. Processo n.: 01158001820085020066 (01158200806602003). Ano: 2009. Turma: 15ª. Data ne Publicação: 3.5.2011).

> "RELAÇÃO DE EMPREGO. CORRETOR DE IMÓVEIS. VÍNCULO CONFIGURADO. O desempenho de atividades habituais e pessoais de venda de imóveis, por pessoa que não é inscrita no CRECI, para corretora imobiliária, caracteriza a relação de emprego nos moldes do art. 3º da CLT. Não há falar-se em contratação autônoma, quando os serviços

prestados estão ligados à atividade-fim da ré e não estão preenchidos os pressupostos formais para a caracterização da profissão de corretor de imóveis, nos termos da Lei n. 6.530/78, regulamentada pelo Decreto n. 81.871 de 29.6.78. Vínculo empregatício configurado." (Tipo: Recurso Ordinário. Data de Julgamento: 29.5.2007. Relator(a): Paulo Augusto Camara. Revisor(a): Vilma Mazzei Capatto. Acórdão n.: 20070414917. Processo n.: 00100-2005-066-02-00-0. Ano: 2005. Turma: 4ª. Data de Publicação: 12.6.2007).

Todavia, uma corrente minoritária vem indeferindo o pleito de vínculo de emprego daquele trabalhador não inscrito no CRECI:

"Ementa: CORRETOR DE IMÓVEIS. A corretagem de imóveis não se trata de mera função inserida na engrenagem produtiva de uma atividade empresarial, mas de autêntica profissão regulada por lei especial (Lei n. n. 6.530/78). Para o exercício da profissão de Corretor de Imóveis é necessário obter o título de Técnico em Transações Imobiliárias e a inscrição no CRECI, que, por sua vez, é obtida por meio de resolução expedida pelo Conselho Federal de Corretores de Imóveis, conforme dispõem expressamente os arts. 2º e 4º da Lei n. 6.530/78. Na situação dos autos, restou evidenciado que o Reclamante não possuía o título de Técnico em Transações Imobiliárias nem, tampouco, a inscrição no órgão de classe, CRECI. Assim, não pode o Poder Judiciário reconhecer que um empregado reúne as qualificações necessárias ao exercício da profissão de Corretor de Imóveis, se não cumpridos os requisitos legais." (TRT 5ª Região. Processo 0001271-60.2010.5.05.0024, ac. n. 145537/2013, Relator Desembargador Marcos Gurgel, 1ª Turma, DJ 19.8.2013).

Dessa forma, e em que pese posições divergentes, entendemos que o fato de o trabalhador (vendedor de imóveis) não estar inscrito no CRECI não impede o reconhecimento do vínculo de emprego, podendo ser aplicadas penalidades administrativas.

## *7.3. O pedido de vínculo de emprego do corretor coordenador e do corretor gerente*

Na prática percebemos que a maioria dos coordenadores e gerentes de uma imobiliária ou setor de venda de uma construtora são também corretores. Em outras palavras, muitas empresas além de atribuir a função de coordenador ou gerente também outorgam a função de corretor de imóveis de forma acumulativa, ou seja, o gerente ou coordenador também podem vender imóveis.

É interessante perceber que algumas imobiliárias além de não registrarem os corretores de imóveis também não registram os coordenadores e gerentes, realizando contratos de "autônomos" ou "parcerias", "intermediações", ou outras nomenclaturas similares.

Com todo o respeito às opiniões divergentes, entendemos que a função de gerente não é compatível com uma relação de trabalho "autônomo", entendemos, com todo o respeito que se é gerente é necessariamente empregado. Nesse sentido:

"RECURSO ORDINÁRIO. VÍNCULO DE EMPREGO. CORRETOR DE IMÓVEIS. AUTÔNOMO. EMPREGADO. Para o reconhecimento da relação de emprego o que importa é como realmente a relação entre as partes ocorre, e não a forma que lhes é atribuída. Assim, verificada a presença dos elementos caracterizadores da relação de emprego o vínculo deve ser reconhecido. Se o empregado exerce na empresa ligada ao ramo de imóveis, **funções de corretor de imóveis, gerente de vendas e de diretor regional de lojas, resta patente o vínculo, pois não há como se conceber a alegação de que um gerente de vendas ou um diretor regional sejam autônomos. Nenhuma empresa entrega a um autônomo poderes para gerir o empreendimento,** sendo o responsável por lojas em determinada região. Outrossim, o trabalhador autônomo desempenha suas atividades com seus recursos próprios, todas as despesas para execução do seu mister são de sua responsabilidade. Desse modo, se é a imobiliária a responsável por anúncio, transporte, telefone, secretaria, aluguel do imóvel, contas de luz, água, condomínio, dentre outras, não há o que se questionar que é o empregador quem assumiu o risco do empreendimento." (TRT 01ª Região. Processo: 0098700-95.2009.5.01.0081 — RO. 10ª Turma. Relator Des. Flávio Ernesto Rodrigues Silva. Julgamento em: 19.10.2011). (Grifo nosso).

Na maioria das vezes observamos na prática que a maioria dos gerentes de imobiliárias e construtoras administra uma equipe e são os responsáveis pelo elo entre os corretores e a diretoria e/ou superintendência.

Também verifica-se que estes profissionais (corretores gerentes — coordenadores corretores) costumam perceber sua remuneração por meio de comissões de um percentual de vendas de sua equipe, sendo muito pressionados já que estão quase sempre em contato direto com a diretoria e/ou superintendência, sendo constantemente cobrados.

Assim, observa-se na prática uma cobrança em forma de verticalização da diretoria aos gerentes, e destes aos corretores. Muitas vezes, para não dizer na maioria delas, a exigência para com os gerentes é ainda maior do que a cobrança feita aos corretores.

Quanto ao corretor coordenador, também verificamos a subordinação, e com todo respeito a opiniões divergentes, tal função não pode ser de "autônomo". Nesse sentido pedimos licença para transcrever trecho de acórdão relatado pelo Desembargador Jorge Eduardo Assad.

"(...) Ora, coordenação e gerência, são típicos cargos de chefia que, por si só afastam a autonomia na prestação de serviços, uma vez que refoge ao bom senso a coordenação de trabalhos autônomos.

Não fosse suficiente, entendo que, merece confirmação a sentença, eis que, os autos evidenciam a existência de subordinação jurídica do reclamante, para com a 1ª reclamada.

Com efeito, do depoimento da preposta se infere que, o reclamante se reportava a um dos diretores da reclamada para prestar contas de suas vendas, sendo que, metas de vendas eram traçadas para direcionar suas atividades. Ademais, embora afirmando a preposta que, o horário era feito pelo reclamante, entendo que havia a necessidade de comparecimento semanal à reclamada (neste sentido, vide também o testemunho do Sr. Raul), inclusive "em um ou dois finais de semana por mês" (conforme a preposta), o que denota controle da atividade do reclamante pela 1ª reclamada.

A prova testemunhal produzida pelas reclamadas também não a favoreceu. A testemunha Sr. Raul afirmou que os gerentes de vendas participavam de reuniões semanais com a diretoria, para "discutir as vendas realizadas durante a semana, divulgar novos lançamentos e traçar programações para as semanas seguintes". O depoente também esclareceu que as vagas para as equipes eram definidas pela diretoria das reclamadas, assim como as margens de descontos que podem ser concedidos nas operações de vendas de imóveis, tudo a implicar na ausência de autonomia por parte do obreiro.

A segunda testemunha das reclamadas, Sra. Camila, por outro lado, disse "que os gerentes de vendas costumam usufruir de férias anualmente, sendo que os períodos definidos pelo diretor de vendas Sr. Marcelo Barros (Tarik)", evidencia controle da atividade do autor, por parte da 1ª reclamada.

Por conta do exposto, depreende-se que, o obreiro estava ligado à estrutura empresarial das reclamadas com pessoalidade, habitualidade e subordinação hierárquica, nos termos dos arts. 2º e 3º, da CLT, sendo o caso de se aplicar o art. 9º, da CLT, com vistas à descaracterização da relação jurídica existente entre as partes (...)" (Processo TRT/SP n. 00007469520135020076 (20130089973). Recurso Ordinário — Vara de Origem 76ª Vara do Trabalho de São Paulo. Desembargador Relator Jorge Eduardo Assad. 12ª Turma do TRT da 2ª Região. Julgamento em: 31.1.2014).

Sobre a função dos coordenadores, esta aparece na maioria das imobiliárias e construtoras como sendo aquele funcionário responsável pelo plantão de vendas de determinado(s) produto(s) (imóveis).

O coordenador geralmente observa e consente com a vestimenta dos corretores; está no plantão para auxiliar o corretor ou o cliente em qualquer dúvida e até mesmo no fechamento ou negociação; em resumo coordena as atividades do plantão, e/ou dos corretores, da produção diária, e transmite as informações ou algum problema ao gerente e até mesmo à diretoria.

Assim, tal profissional, desenvolvendo tais funções, é difícil de ser enquadrado como "autônomo", já que dentro de suas funções geralmente deve cumprir horários, realizar relatórios, recebe ordens além de repassá-las, ou seja, está ligado intimamente a estrutura organizacional da empresa, e por esta razão acreditamos que haja presunção do vínculo de emprego entre as partes.

## 7.4. PEDIDO DE VÍNCULO DE CORRETOR QUE TRABALHA NA POLÍCIA

A jurisprudência de forma majoritária vem manifestando que os membros da polícia civil têm de executar tal mister com exclusividade, sendo proibido prestar serviços como corretores de imóveis, pois grande parte da jurisprudência não tem declarado o vínculo de corretor caso este seja integrante da polícia civil.

"Os integrantes da Polícia Civil estão obrigados a executar seus serviços com exclusividade, sendo vedado o exercício de outras funções em entidades privadas.

Patente, portanto, a incompatibilidade das funções de escrivão de polícia com os serviços de corretor de imóveis, o que impossibilita declarar a relação de emprego." (Tipo: Recurso Ordinário. Data de Julgamento: 13.11.2000. Relator(a): Plinio Bolivar de Almeida. Revisor(a): Eduardo de Azevedo Silva. Acórdão n.: 20000603591. Processo n.: 19990554636. Ano: 1999. Turma: 1ª. Data de Publicação: 28.11.2000).

Contudo, quanto aos policiais militares, a Súmula n. 386 do Colendo TST traz a possibilidade do reconhecimento do vínculo empregatício. Vejamos:

"Súmula n. 386 do TST. POLICIAL MILITAR. RECONHECIMENTO DE VÍNCULO EMPREGATÍCIO COM EMPRESA PRIVADA (conversão da Orientação Jurisprudencial n. 167 da SBDI-1) — Res. 129/2005, DJ 20, 22 e 25.4.2005.

Preenchidos os requisitos do art. 3º da CLT, é legítimo o reconhecimento de relação de emprego entre policial militar e empresa privada, independentemente do eventual cabimento de penalidade disciplinar prevista no Estatuto do Policial Militar. (ex-OJ n. 167 da SBDI-1 — inserida em 26.3.1999)."

Assim, com todo respeito a opiniões contrárias, não há diferença quanto à possibilidade do estabelecimento de vínculo de emprego, seja com o policial civil, seja com o policial militar em qualquer atividade, sem, contudo, afastar a expedição de ofícios ao respectivo órgão público, seja a polícia militar ou civil, para que este aplique caso julgue necessário à penalidade disciplinar cabível.

Entendemos de tal forma, posto que a força de trabalho foi utilizada dentro dos ditames da CLT, e não há nesta legislação qualquer proibição ao reconhecimento do vínculo de emprego nestas hipóteses.

Nesse sentido também encontramos decisões judiciais:

"VÍNCULO DE EMPREGO. POLICIAL CIVIL. Conquanto seja proibido o contrato de emprego entre o policial civil e a empresa privada — na medida em que a legislação não lhe permite outra atividade fora do regime profissional que o vincula ao Estado —, sua celebração gera efeitos válidos assim como em qualquer outro contrato de trabalho, sendo legítimo o reconhecimento do vínculo de emprego entre as partes, por não se tratar de objeto ilícito." Aplicação da Súmula n. 386 do C. TST. (RECURSO ORDINÁRIO — TRT 1ª região — RO — 0140200-58.2007.5.01.0002).

# VIII

# DOS CUIDADOS AO REALIZAR A PETIÇÃO INICIAL NA JUSTIÇA DO TRABALHO

## 8.1. CUIDADOS QUANTO À REALIZAÇÃO DA ENTREVISTA TRABALHISTA

O primeiro cuidado do advogado antes de distribuir qualquer ação, independentemente de ser com relação a corretor de imóveis ou não, é realizar com cautela a entrevista com o cliente, como já citado na obra "Manual de Iniciação do Advogado Trabalhista", LTr Editora, de nossa autoria.

A entrevista é importante para verificar se realmente o entrevistado possui direitos, e sobre a plausibilidade ou não de distribuir determinada demanda, sendo certo que o Código de Ética da OAB no art. 2º dispõe entre os deveres do advogado *"VII — aconselhar o cliente a não ingressar em aventura judicial"*.

Mesmo na hipótese de o advogado aceitar ser o procurador do entrevistado deve informar ao cliente, de forma clara e inequívoca, quanto a eventuais riscos de sua pretensão, e das consequências que poderão advir da demanda, conforme dispõe o art. 8º do código de ética.

O advogado deve ter cautela na entrevista e realizá-la por escrito, bem como o cliente deve apresentar, nesta ocasião, suas provas e eventuais documentos (como *e-mails*, contratos), devendo ser informado sobre as provas que devem ser produzidas e os riscos da demanda.

## 8.2. FAZER PEDIDOS SUCESSIVOS? RELAÇÃO DE TRABALHO X RELAÇÃO DE EMPREGO

Na prática percebemos que muitas vezes o advogado ao distribuir uma inicial de corretor de imóveis pleiteando o vínculo, por vezes não realiza todas as cautelas possíveis ou não realiza todos os pedidos de forma zelosa. Passamos a explicar melhor.

A Emenda Constitucional n. 45, conhecida como Reforma do Poder Judiciário, ampliou a competência da Justiça do Trabalho não somente para julgar ações entre empregadores e empregados, mas também para julgar outras relações de trabalho. Nesse sentido:

> "Há de se destacar, contudo, que a ampliação de competência da Justiça do Trabalho para processar e julgar ações oriundas de outras relações de trabalho (EC n. 45/2004), incluindo o trabalho autônomo (...)"[(43)]

Dessa forma, entendemos que o advogado ao pleitear vínculo de emprego para o corretor de imóveis deve ter em mente que trata-se de uma ação que pode estar na "zona grise", e por este motivo talvez seja prudente demandar pedidos sucessivos caso não seja reconhecido o vínculo de emprego, conforme podemos observar melhor no exemplo a seguir.

Ex.: Corretor pede vínculo de emprego e todos os consectários deste vínculo, e, sucessivamente caso o magistrado não defira tal pleito, pode pleitear de forma sucessiva eventual direito decorrente de relação de autônomo como diferenças de comissões contratadas e não pagas ou diferenças de comissões relativas à tabela do CRECI, dependendo do caso em concreto.

Atenção! Os pedidos devem ser *sucessivos*, isto é, caso o magistrado não reconheça ou julgue improcedente um pedido, pode analisar outro de forma sucessiva. Estamos chamando atenção para isso, pois, percebemos na prática alguns pedidos de forma, data vênia, incorreta como "alternativo", ou ainda por vezes nem sequer realizam pedidos decorrentes da relação de trabalho gênero.

Certamente muitos magistrados observam o pedido mesmo com a nomenclatura incorreta, tendo em vista o princípio da simplicidade.

Para melhor elucidação passamos a transcrever entendimento do doutrinador Maurício M. Marca:

> "Se trabalho subordinado e trabalho autônomo merecem tratamentos legais diferenciados, nada justifica que se sujeitem a culturas judiciárias diversas: num e noutro, há trabalho; num e noutro, tem de haver comprometimento com a tradição personalista do Direito, garantindo-se à pessoa humana direitos básicos como a proibição de discriminações, o direito à formação permanente e contínua e o direito ao *basic income*. É mais racional, portanto, que todas as questões ligadas ao trabalho gravitem em torno de um mesmo corpo judiciário: harmonizam-se as jurisprudências, consolidam-se as teses e burilam-se as exegeses na mesma forja."[(44)]

---

(43) LEITE, Carlos Henrique Bezerra. *Curso de direito processual do trabalho*. 11. ed. São Paulo: LTr, 2013. p. 86.

(44) MARCA, Maurício Machado. *Relação de trabalho*. 1. ed. São Paulo: LTr, 2010. p. 104-105.

Além dessas informações, deve o advogado zelar pela técnica observando no que tange na inicial o art. 840 da CLT, combinado com o art. 282 e 283 do CPC, e observar a justiça competente para a distribuição da demanda.

## 8.3. DE QUEM DEVO COBRAR A COMISSÃO? EM QUE JUSTIÇA DEVO COBRAR A COMISSÃO?

O advogado ao realizar a entrevista com um cliente corretor deve verificar, em primeiro lugar, para quem o corretor prestou serviços. Se o corretor prestou serviços a uma imobiliária, por exemplo, a relação pode ser de trabalho ou de emprego, daí porque a cobrança de comissões e/ou outros consectários deverá ser realizada na justiça do trabalho. Entretanto, caso o corretor tenha prestado serviços a uma pessoa física, e a relação tenha sido de consumo, a cobrança da comissão será na justiça cível (comum).

Nesse sentido:

> "CONTRATO DE CORRETAGEM. AÇÃO DE COBRANÇA DE COMISSÕES. INCOMPETÊNCIA DA JUSTIÇA DO TRABALHO. A Justiça do Trabalho é incompetente para apreciar demanda por meio da qual o corretor de imóveis busca o recebimento de comissão pela sua intermediação na venda de imóvel do cliente. Isso porque, no caso, trata-se de uma relação de consumo, pois o trabalho não é o cerne do contrato, mas, sim, um bem de consumo que se traduziu nele, que é o resultado esperado diante de um contrato realizado entre as partes, qual seja, a venda do imóvel. O disposto na Súmula n. 363 do STJ corrobora esse entendimento." (TRT 12ª Região. RO 03102-2009-045-12-00-9 -2. 6ª C. Relatora Ligia Maria Teixeira Gouvêa. 9.6.2010).

No entanto, a jurisprudência que segue, ao contrário da previamente analisada, trata de processo distribuído na justiça do trabalho em que o corretor pleiteou a cobrança de sua comissão da imobiliária, sendo analisado pelos desembargadores o direito da comissão proporcional ao trabalho do corretor. O caso a seguir é um processo distribuído na justiça especializada por se tratar de uma relação de trabalho.

> "COMISSÃO DEVIDA. A teor do art. 725 do Código Civil é devido o pagamento de comissão ao corretor quando alcançado o resultado útil previsto no contrato de mediação, salvo se a corretagem for ajustada com exclusividade, como prevê o art. 726 do mesmo Diploma Legal. Desse modo, comprovado que o autor participou inicialmente da venda do imóvel, mas que, posteriormente outro corretor assumiu e concretizou o negócio, a comissão ajustada também é devida ao reclamante, no percentual atinente à medida de sua intermediação naquela transação." (Poder Judiciário. Tribunal Regional do Trabalho — 3ª Região. 00798-2010-006-03-00-1 RO. Ementa: Corretor. Resultado Útil Alcançado. Consumação do Negócio).

Contudo, embora a jurisprudência admita a cobrança de comissões do corretor para com a imobiliária, é certo que parte da jurisprudência entende que a justiça do trabalho é incompetente. Vejamos:

"VÍNCULO DE EMPREGO NÃO RECONHECIDO. CONTRATO DE CORRETAGEM. COBRANÇA DE COMISSÕES. INCOMPETÊNCIA DA JUSTIÇA DO TRABALHO. Afastado o vínculo de emprego entre o autor e a empresa-ré e remanescendo pedido de pagamento de comissões a título de corretagem, imperiosa a declaração de incompetência da Justiça do Trabalho para apreciar e julgar a aludida pretensão. Isso porque a demanda por meio da qual o corretor de imóveis busca o recebimento de comissão pela sua intermediação na venda de imóvel do cliente se trata de uma relação de consumo, pois o trabalho não é o cerne da pactuação, mas, sim, um bem de consumo que se traduziu nele, que é o resultado esperado diante de um contrato realizado entre as partes, qual seja, a venda do imóvel. O disposto na Súmula n. 363 do STJ corrobora esse entendimento." (TRT 12ª Região. Acórdão-6ªC RO 0007689-76.2011.5.12.0026. Relatora Ligia Maria Teixeira Gouvea. Julgamento em: 27.11.2012).

Em que pese esta jurisprudência, ousamos com máximo respeito divergir, pois o fato de o corretor não ter seu vínculo reconhecido com a imobiliária, e ainda assim faltar julgar pedidos decorrentes de uma "relação de trabalho" com a imobiliária, não faz retirar a competência da justiça do trabalho; entendemos que esta relação corretor x imobiliária não é uma relação de consumo, mas sim de trabalho.

Relação de consumo seria o corretor cobrar sua comissão, por exemplo, do cliente (pessoa física), proprietário do imóvel. Nesse sentido já decidiu o C. TST:

"**RECURSO DE REVISTA. 1. NULIDADE POR NEGATIVA PRESTAÇÃO JURISDICIONAL.**

**1.** Não se constata violação dos arts. 93, IX, da CF/88 e 832 da CLT, pois o Tribunal Regional examinou a insurgência relativa ao vínculo de emprego e apresentou as razões pelas quais entendeu que a Justiça do Trabalho é incompetente para examinar o pedido de comissões. Recurso de revista de que não se conhece.

**2. COMPETÊNCIA DA JUSTIÇA DO TRABALHO. COMISSÕES SOBRE VENDAS DE IMÓVEIS. I.** O Tribunal Regional manteve a sentença, em que se rejeitou o pedido de reconhecimento de vínculo empregatício entre as partes. Ao examinar o recurso ordinário interposto pelo Autor, na parte em que se postulou o pagamento de comissões sobre venda de imóveis, a Corte de origem declarou a incompetência da Justiça do Trabalho para o exame do pedido e extinguiu o feito, sem resolução do mérito, em relação ao pleito. Entendeu que, uma vez afastada a relação de emprego, não compete à Justiça do Trabalho julgar o referido pleito. **II.** Esta Corte Superior firmou jurisprudência no sentido de que a Justiça do Trabalho não tem competência para apreciar pedido decorrente de contrato de corretagem de imóveis. É que a relação jurídica que envolve a corretagem de imóveis, acertada diretamente entre o corretor e o proprietário do imóvel, não caracteriza relação típica de trabalho, mas relação de consumo. Trata-se de serviço oferecido por profissional liberal e destinado não a posterior aproveitamento econômico, mas ao próprio consumidor final. Nele não se identificam os traços típicos da relação de trabalho (tais como a prestação continuada de labor, dependência econômica entre prestador e tomador, direcionamento do serviço para recolocação no mercado), mas a presença de elementos de relação tipicamente civil.

**III. Ocorre que, no presente caso, não se discute pedido decorrente de contrato de corretagem (celebrado entre o corretor e o proprietário do imóvel), mas decorrente de**

**contrato de prestação de serviços celebrado entre o Autor (na condição de trabalhador autônomo) e a Reclamada (empresa que explora negócios imobiliários).**

**IV. Consta do julgado que o polo passivo da presente relação processual é ocupado por empresa cuja atividade econômica envolve a compra e venda de imóveis. Também consta do julgado que a Reclamada admitiu ter ocorrido "prestação de serviços de forma autônoma" e que o Autor representava-a "nos negócios imobiliários". Disso se retira que a Reclamada utilizou dos serviços prestados pelo Autor para a consecução de sua finalidade social e explorou essa força de trabalho para o alcance desse fim institucional. Logo, o objeto do contrato mantido entre as partes não era o aproveitamento de um serviço consumível pelo destinatário final, mas a prestação de serviços em si. A Reclamada assumiu a posição de tomadora de serviços, e não de usuária final.**

**VI. No art. 114, I, da CF/88 se atribui competência à Justiça do Trabalho para julgar "as ações oriundas da relação de trabalho". Nessa competência insere-se não apenas o julgamento de pedidos decorrentes de relação de emprego, mas também de contrato de prestação de serviços autônomos.**

**VI.** Verificando-se do acórdão recorrido que esse foi o contrato mantido entre as partes, **tem-se que a competência para o julgamento do pedido formulado pelo Autor é da Justiça do Trabalho. Portanto, a recusa da Corte Regional em examinar o pleito de pagamento de comissões sobre venda de imóveis caracteriza violação do art. 114, I, da CF/88.**

**VII.** Recurso de revista de que se conhece e a que se dá provimento, para declarar a competência da Justiça do Trabalho para o exame do pedido de comissões sobre venda de imóveis formulado pelo Autor e determinar o retorno dos autos ao Tribunal Regional, para que aprecie o recurso ordinário interposto pelo Reclamante quanto ao referido tema, como entender de direito." (**PROCESSO N. TST-RR-97400-17.2004.5.15.0071**). (Grifo nosso).

Dessa forma, devemos, nós profissionais do direito, separar as competências dentro dos casos concretos.

Acreditamos que na hipótese de existência de relação "consumeirista" real, ou seja, na hipótese de o corretor realmente autônomo que presta serviços para pessoas físicas ou jurídicas que não tenham objetivo de venda de imóveis para obtenção de lucro, como atividade empresarial, e que pretendam vender ou comprar imóveis, exista uma relação de consumo, na qual o corretor de imóveis se enquadra como fornecedor, sendo a competência da justiça comum.

Exemplo desta situação: uma pessoa "x" quer vender sua casa e o corretor autônomo o faz perante um terceiro comprador "y", sendo este destinatário final do produto. Neste caso temos uma relação de consumo na qual o vendedor do imóvel é o consumidor dos serviços do corretor; e o comprador do imóvel é o destinatário final dos serviços do corretor.

No entanto, na hipótese de contratação do corretor de imóveis por pessoas físicas ou jurídicas que tenham o objetivo de comércio ou transações imobiliárias contratando o corretor de imóveis, estas são as fornecedoras, sendo a justiça trabalho a justiça competente.

Exemplo: a imobiliária contrata um corretor de imóveis para vender e captar imóveis para terceiros. Aqui temos uma relação de consumo entre comprador — imobiliária; ou vendedor do imóvel proprietário — imobiliária; e uma relação de trabalho de competência da justiça do trabalho entre corretor — imobiliária ou de vínculo de emprego, se presentes os requisitos de tal relação.

Dessa forma, cabe ao advogado, no momento de pleitear os direitos destes profissionais, verificar o caso concreto para que possa enquadrá-lo dentro da competência da justiça correta. Lembrando que o anterior descrito exprime nossa posição e que existem posições divergentes.

## 8.4. PEDIDOS DE DIFERENÇAS DE COMISSÕES NA INICIAL

Deve-se ter cuidado no momento de realizar a inicial, pois deve ser apurado os eventuais direitos que serão pleiteados; iremos discorrer sobre os principais pedidos que podem ocorrer quando tratamos destes profissionais, além do vínculo de emprego.

Um pedido muito comum é a *diferença de comissões*, porque a maioria das situações fáticas trazidas a nós — advogados — pelos clientes corretores de imóveis é o fato de que estes trabalham e recebem de forma comissionada em percentual inferior ao fixado pelo órgão de classe: o corretor geralmente é comissionado em percentuais entre 0,88% a 2,5%. Contudo, o órgão de classe que regula a profissão traz percentuais superiores a este em sua tabela, que atualmente descrita em São Paulo é a seguinte:

> "EMPREENDIMENTOS IMOBILIÁRIOS. Venda de empreendimentos imobiliários de 4% a 6%. NOTA: Não estão incluídas nos percentuais acima, as despesas de promoção e publicidade em geral."[45]

Assim, é possível dentro do caso concreto existir o pedido de diferenças de comissões com base em determinações, inclusive do COFECI, entre outras fundamentações.

Assim, seja o corretor autônomo ou empregado, e independentemente do processo a ser realizado, seja na justiça cível, seja na justiça do trabalho, quando a questão envolver corretores de imóveis, o advogado deve examinar, em primeiro lugar, o que estabelece o órgão de classe, legislação, e, posteriormente verificar a forma de contratação e eventuais diferenças.

---

(45) Disponível em: <http://www.crecisp.gov.br/servicos/servicos.asp?acao=comissoes>.

Outra questão controvertida na jurisprudência é a aplicação desta tabela legal a profissionais não inscritos no CRECI, havendo posicionamento para ambos os lados. Vejamos:

"Não sendo o reclamante corretor de imóveis, profissão regulada pela Lei n. 6.530/78, não há falar-se em recebimento de comissão de 6%." (Tipo: Recurso Ordinário. Data de Julgamento: 2.2.2012. Relator(a): Sergio J. B. Junqueira Machado. Revisor(a): Maria de Lourdes Antonio. Acórdão n.: 20120101399. Processo n.: 02550003420075020047. Ano: 2011. Turma: 17ª. Data de Publicação: 10.2.2012).

Contudo, parte da jurisprudência vem manifestando que uma empresa imobiliária que admite vendedores não inscritos no CRECI não pode se beneficiar de sua própria torpeza. Vejamos trecho de jurisprudência que reconheceu pagamento de comissões de 6% de um vendedor de imóveis não inscrito no CRECI.

"Ementa: I — COMISSÕES. CORRETOR DE IMÓVEIS. AUSÊNCIA DE REGISTRO NO CRECI. A empresa recorrida tem notória experiência no mercado de imóveis, e não pode se beneficiar da própria torpeza, admitindo vendedores de imóveis sem a inscrição do CRECI, e se assim o faz, deve pagar a estes empregados as mesmas comissões que recebem os corretores de imóveis, devidamente regulares. Destarte, defiro ao recorrente o pagamento de comissões pelos imóveis vendidos por este com os percentuais estabelecidos na tabela aprovada pelo CRECI (6%) para os corretores de imóveis. As vendas efetuadas deverão ser apuradas em Liquidação articulada Recurso provido. II — COMISSIONISTA MISTO. SÚMULA N. 340 DO TST. Em relação ao trabalhador comissionista misto, o pagamento das horas extras se dá em duas parcelas distintas: quanto à parte fixa da remuneração, incide a Súmula 264 do TST, e, quanto à parte variável, aplica-se a Súmula n. 340 daquela Corte." (TRT 05ª Região. Processo 0000119-67.2011.5.05.0015, ac. n. 111062/2012, Relatora Desembargadora Maria Adna Aguiar, 5ª Turma, DJ 24.8.2012).

Portanto, cabe ao profissional avaliar o caso concreto e, de posse das provas necessárias, pleitear eventuais diferenças.

## 8.5. COBRANÇA DE COMISSÃO NÃO ADIMPLIDA

Atualmente, temos observado ações na justiça do trabalho tanto de corretores empregados como de autônomos pleiteando comissões de vendas não pagas.

No que tange os autônomos que pleiteiam a comissão na justiça do trabalho, importante repisar que somente será da competência da justiça especializada se a relação do corretor for de trabalho, por exemplo, uma prestação de serviços do corretor a uma imobiliária.

Quando o corretor de imóveis pleiteia o pagamento de comissões não pagas, há entendimento que se deve comprovar a existência de relação comercial, ou seja, a sua participação no negócio.

"COMISSÕES. CORRETOR DE IMÓVEIS. Se o autor não logra êxito em comprovar a existência de transações comerciais que criariam o direito as requeridas comissões, não se há de falar em procedência do pedido. O obreiro não se desincumbiu satisfatoriamente de demonstrar o fato constitutivo de seu direito, a teor dos arts. 818 da CLT e 333, I, do CPC." (Acórdão — 566/2011 (0035100-41.2010.5.17.0010) — 9.11.2011 12:15. 1ª Turma do Tribunal Regional do Trabalho da Décima Sétima Região. Relator Gerson Fernando da Sylveira Novais).

Dessa forma, o ideal, seja um corretor autônomo ou um empregado no exercício de seu mister para resguardar em seus direitos, é guardar documentos, inclusive eletrônicos, como, por exemplo, e-mails que comprovem sua participação do negócio, bem como, na medida do possível, ter por escrito autorização de intermediação para que assim se resguarde em seu direito de cobrar eventuais comissões não pagas.

Além disso, o ônus da prova da efetiva intermediação é do autor. Nesse sentido:

"COMISSÃO DE CORRETAGEM. INTERMEDIAÇÃO. FATOS CONSTITUTIVOS DO DIREITO DO AUTOR NÃO COMPROVADOS. É do autor o ônus de provar fato constitutivo do direito alegado (art. 333, I, CPC). Assim, ausente a demonstração quanto à efetiva intermediação do corretor na compra e venda de imóvel, indevida a comissão de corretagem." (TRT 17ª R., RO 0108600-51.2007.5.17.0009, Relatora Desembargadora Wanda Lúcia Costa Leite França Decuzzi, DEJT 7.2.2012 ).

Existem outros pedidos que os advogados podem incorrer no momento da redação de sua inicial, cabendo a estes profissionais zelo e cuidado para que não deixem de pleitear todos os direitos que possam ter sido sonegados a seu cliente.

# IX

# DOS CUIDADOS AO REALIZAR A DEFESA NA JUSTIÇA DO TRABALHO

## 9.1. ANÁLISE DA PETIÇÃO INICIAL

O primeiro cuidado ao se realizar uma defesa é impugnar de forma específica os fatos narrados na inicial sob pena de aplicação do art. 302 do CPC. Vejamos:

> "Impugnação específica dos fatos. Necessidade. O **princípio da impugnação específica dos fatos, contido no art. 302 do CPC**, estabelece que ao réu compete manifestar-se precisamente sobre todos os fatos narrados na petição inicial. Não o fazendo, incorre na presunção de veracidade das ocorrências noticiadas pelo autor." (Tipo: Recurso Ordinário. Data de Julgamento: 11.12.2008. Relator(a): Silvia Regina Pondé Galvão Devonald. Revisor(a): Ana Maria Contrucci Brito Silva. Acórdão n.: 20081097128. Processo n.: 01670-2006-021-02-00-7. Ano: 2007. Turma: 3ª. Data de Publicação: 13.1.2009.). (Grifo nosso).

Dessa forma, cabe ao advogado da empresa imobiliária/construtora verificar, em primeiro lugar, quais são os pedidos elencados na inicial e se a competência da ação é realmente aquela em que foi distribuída, como mencionado no item anterior.

Após esta precaução deve elaborar a defesa de maneira que não entre em conflito entre a defesa de um pedido e de outro.

## 9.2. DEFESA DOS PRINCIPAIS PEDIDOS

Quanto à feitura de defesas realizadas para impugnar o pedido de vínculo de emprego do corretor de imóveis, a grande maioria delas traz em seu bojo, como tese para afastar o pedido, a existência de contrato de autônomo e legislação, porém além de tais argumentos cabe ao advogado observar o caso em concreto e a verdade dos fatos, combatendo o pedido com situações fáticas que realmente enquadrem o respectivo profissional como sendo autônomo.

Um aspecto importante e pouco observado pelos profissionais do direito, é que antes de realizar sua defesa devem ir à empresa reclamada e conhecer pessoalmente a forma de trabalho dos corretores lá desenvolvida, pois assim o advogado terá o contato real, observando tudo o que ocorre na empresa, sendo mais fácil relatar sua defesa, pois é muito diferente uma defesa baseada na teoria, no que foi contado ao advogado, do que aquela que as situações fáticas foram presenciadas pelo próprio advogado.

Sobre os demais pedidos somente o caso concreto poderá trazer a tese ao advogado de defesa.

# X

# COMO PROVAR O VÍNCULO DE EMPREGO?

## 10.1. MEIOS DE PROVA

Todos os meios de prova em direito são admitidos, exceto a prova ilícita. A seguir demonstraremos as provas mais comuns na prática quando a questão é a prova da formação do vínculo de emprego do corretor de imóveis.

Resta mencionar que não nos aprofundaremos sobre as questões do processo do trabalho porque esta obra não tem por objetivo analisar em profundidade o processo do trabalho, mas tão somente analisar a questão do corretor de imóveis.

Assim, são demonstradas as provas que podem ser produzidas no geral. Caso o leitor queira mais detalhes da prática forense sugerimos outra obra de nossa autoria[46].

## 10.2. PROVA DOCUMENTAL

Para quem advogou ou irá advogar requerendo o vínculo de emprego, percebe-se que muitas vezes a prova documental é de grande valia, porque no caso de requerer o vínculo do corretor de imóveis frequentemente se recorre a provas documentais, como escalas, impressões, e-mails, entre outros, o que poderá, em conjunto com as demais provas, ajudar a esclarecer determinado fato.

### *10.2.1. Impressões de e-mails*

Com a evolução tecnológica é comum que as empresas entrem em contato com seus prestadores de serviços, empregados, entre outros, por meios de comunicação como celulares, e-mails, bips, ou outras formas de contato eletrônico.

---

(46) CAVALCANTE, Rodrigo Arantes; VAL, Renata Do. *Manual de iniciação do advogado trabalhista.* São Paulo: LTr, 2012.

No caso dos corretores de imóveis é comum, na prática, observar que muitas imobiliárias e construtoras estão, cada vez mais, entrando em contato por e-mails, e estes e-mails tornam-se um meio de prova muito comum na justiça do trabalho quando analisamos, por exemplo, o vínculo de emprego ou não de um corretor de imóveis, conforme aclarado em linhas posteriores.

### *10.2.2. Impressões ou documentos de escalas*

Conforme verificado, algumas empresas enviam escalas a seus corretores a cada dia, muitas vezes com ordens, locais e designação inclusive do horário ou jornada de trabalho que devem cumprir. Tais documentos também são um meio de prova da existência do vínculo empregatício entre as partes, e sua impressão e juntada podem ser de grande valia.

### *10.2.3. Fotos*

As fotos normalmente não são um meio de prova, mas poderão ser um indício ou uma presunção de que o corretor de imóveis trabalhou em determinada empresa.

Muitas vezes observamos que o corretor de imóveis possui fotos em um determinado empreendimento, com a camiseta da empresa, sendo importante a juntada de tais documentos para provar ou pelo menos ser um indício da prestação de serviços, na hipótese de eventual negativa pela empresa reclamada.

### *10.2.4. Regulamento da empresa*

Dependendo do teor do regulamento da empresa este também pode ser juntado como meio de prova; imagine no caso a existência de um regulamento que cobre assiduidade, pontualidade, que traga punições, entre outros fatores que pressupõe a existência dos requisitos ensejadores do vínculo de emprego.

Assim, na hipótese destacada é possível a juntada para a comprovação da existência de fatos que podem levar ao reconhecimento do vínculo de emprego.

Contudo, cabe ao advogado ler com atenção o regulamento da empresa e atentar-se sobre a existência de regras explícitas que possam servir de indícios ou provas no processo para evitar a juntada de eventual documento, que em seu texto somente traz regras que não comprovam quaisquer dos requisitos, nem mesmo os sugere fazendo com que isso torne-se eventual prova em contrário.

## 10.3. GRAVAÇÃO

Antes de discutir sobre esse tema, realizamos a seguinte pergunta: A gravação pode ser utilizada como meio de prova?

Com todo o respeito aos que pensam de forma contrária, entendemos que se um dos interlocutores for fazer parte da gravação, esta poderá ser utilizada como meio de prova.

> "PROVA ILÍCITA E DANOS MORAIS. A gravação ambiental de diálogo por um dos interlocutores, sem conhecimento e autorização dos demais, não constitui prova ilícita, mormente quando a ação versa sobre danos morais, muitas vezes de difícil comprovação. A gravação realizada, no caso em tela, configurou legítima defesa da reclamante em face das ofensas por ela apontadas, o que afasta a arguição de ilicitude da prova." (Tipo: Recurso Ordinário — Data de Julgamento: 3.4.2008 — Relator(a): Dalberto Martins — Revisor(a): Vania Paranhos — Acórdão n.: 20080267615 Turma: 12ª — TRT — 2ª Região).

Contudo, existem julgados em contrário que afirmam não ser possível a utilização de gravação como meio de prova, conforme pode ser observado a seguir:

> "PROVA ILÍCITA. GRAVAÇÃO CLADESTINA. INADMISSIBILIDADE. Em que pese o Juiz de primeiro grau não ter apreciado a transcrição da gravação do diálogo entre o recorrente e o sócio proprietário da reclamada, tal meio de prova, pelo modo como foi obtida, clandestinamente, na forma do art. 5º, inciso LVI, CR/88 e art. 332 do CPC, não é legítimo." (TRT 3ª R., RO 01190-2005-030-03-00-0, 2ª T., Rel. Juiz Convocado Paulo Maurício Ribeiro Pires, DJMG 14.1.2007)."

É importante destacar que somos da corrente que acredita que a gravação entre interlocutores é um meio de prova lícito, independentemente da conversa ter sido gravada por meio presencial ou telefônico. Ressalta-se, porém, que em qualquer caso, para que a gravação tenha validade, esta deve ser realizada de forma ininterrupta, ou seja, sem cortes.

## 10.4. PROVA EM AUDIÊNCIA

A prova em audiência é de extrema importância tendo em vista o princípio da oralidade e o princípio da verdade real que rege o direito processual do trabalho, além do princípio da primazia da realidade já descrito anteriormente.

É comum, na prática, observar iniciais bem estruturadas, com uma grande quantidade de documentos que provam ou dão indício de que o corretor era empregado, mas, mesmo assim, muitas vezes acabam não sendo bem sucedidas na demanda por não conseguirem realizar a prova oral em audiência.

De toda sorte, e com todo o respeito aos que pensam de forma contrária, não nos parece correto o entendimento de que a prova de audiência deva prevalecer sobre outras provas, devendo o magistrado analisar a prova em seu conjunto, em sua globalidade, em homenagem ao princípio da unidade da prova.

Nesse sentido:

> "**Unidade da prova**: a prova deve ser apreciada em seu conjunto, em sua unidade, globalidade e não isoladamente."(47) (Grifo nosso).

Analisados tais comentários, passamos a explanar os principais meios de prova em audiência.

### 10.4.1. Depoimento pessoal do preposto

Entendemos que a prova oral, quanto ao pedido de depoimento da Reclamada (preposto), é de suma importância, pois tal prova tem o objetivo de tentar extrair uma confissão; inclusive parte da doutrina sustenta que a confissão é a rainha das provas.

> "O objetivo principal do depoimento pessoal das partes é a obtenção da **confissão real, que é a principal prova, a chamada rainha das provas.** Na confissão real, portanto, visa-se o reconhecimento da veracidade dos fatos alegados pelas partes, obtida com seu próprio depoimento ou feita por procurador com poderes expressos para tal ato.
>
> **A confissão real goza de presunção absoluta**, razão pela qual: a) a parte a quem ela aproveita retira de si o ônus probandi do fato confessado; b) **o juiz tem o dever de acatá-la como fator determinante para o deslinde da questão** (...)"(48) (Grifo nosso).

Contudo, percebemos na prática que alguns advogados dispensam o depoimento pessoal da parte contrária, o que, com todo respeito aos que possam pensar de forma contrária, não nos parece prudente, porque tal prova é

---

(47) MARTINS, Sergio Pinto. *Direito processual do trabalho*, p. 311. 27. ed. São Paulo: Atlas, 2007. p. 311.

(48) LEITE, Carlos Henrique Bezerra. *Curso de direito processual do trabalho*. 11. ed. São Paulo: LTr, 2013. p. 673.

de grande valia, conforme já mencionado, e muitas vezes é por meio desta que se obtém a confissão.

A doutrina e a jurisprudência vêm manifestando que o preposto deve ser empregado da empresa sob pena de aplicação da S. 377 do TST.

"**RECURSO DE REVISTA. REPRESENTAÇÃO DAS 1ª e 2ª RECLAMADAS. AUDIÊNCIA. PREPOSTO NÃO EMPREGADO. CONFISSÃO FICTA. REVELIA.** Decisão regional em contrariedade à Súmula n. 377/TST, verbis: Exceto quanto à reclamação de empregado doméstico, ou contra micro ou pequeno empresário, o preposto deve ser necessariamente empregado do reclamado. Inteligência do art. 843, § 1º, da CLT e do art. 54 da LC n. 123, de 14 de dezembro de 2006. Recurso de revista conhecido e provido." (RR 2310006320045020050 231000-63.2004.5.02.0050, Rel. Min. Flávio Portinho Sirangelo, Julgamento: 2.5.2012).

"**TST. RR 150500-07-2007-5-01-0026. Publ. em 3.12.2010.** PREPOSTO NÃO EMPREGADO. REVELIA. CONFISSÃO FICTA. O entendimento pacífico desta Corte, consubstanciado na Súmula n. 377, assenta que salvo quanto à Reclamação de empregado doméstico, ou contra micro ou pequeno empresário, o preposto deve ser necessariamente Empregado da Reclamada."

"**TRT-3ª Região. RO 00634-2008-008-03-00-2. Publ. em 7.2.2009.** MICROEMPRESA OU EMPRESA DE PEQUENO PORTE. O art. 843, § 1º, da CLT, possibilita ao empregador ser representado por seu gerente ou qualquer outro preposto, desde que ele tenha conhecimento dos fatos. Nesse sentido, a jurisprudência consolidada esclareceu que o preposto deve ostentar a condição de empregado da empresa, exceto quando se tratar de empregador doméstico ou micro ou pequeno empresário (Súmula n. 377 do TST)."

É necessário adentrar a este tema — dever do preposto ser empregado —, pois quando se trata de ação de um corretor contra uma imobiliária/construtora muitas vezes constatamos, na prática, reclamadas que não possuem nenhum corretor registrado, e, assiduamente, outorgam poderes a um deles para que lhes representem em audiência, o que pode ser um risco já que o juiz pode aplicar a S. 377 do TST transcrita a seguir.

"PREPOSTO. EXIGÊNCIA DA CONDIÇÃO DE EMPREGADO. Exceto quanto à reclamação de empregado doméstico, ou contra micro ou pequeno empresário, o preposto deve ser necessariamente empregado do reclamado. Inteligência do art. 843, § 1º, da CLT e do art. 54 da Lei Complementar n. 123, de 14 de dezembro de 2006."

Contudo, também existem entendimentos de alguns magistrados em sentido contrário, em que a CLT não obriga que o preposto seja empregado, e que não estão obrigados a julgar nos moldes da respectiva Súmula. Vejamos os dois posicionamentos.

"RECURSO ORDINÁRIO. REVELIA E CONFISSÃO. PREPOSTO NÃO EMPREGADO. A representação em Juízo por não empregados tem restrição consagrada na jurisprudência, restrição essa que encontra guarida no § 1º, do art. 843, da CLT e que tem por objetivo evitar a profissionalização da função de preposto. Nesse sentido a Súmula n. 377 do C. TST." (Tipo: Recurso Ordinário, Data de Julgamento: 26.3.2009. Relator(a): Marcelo Freire Gonçalves, Revisor(a): Davi Furtado Meirelles, Acórdão n.: 20090228353, Processo n.: 00932-2006-078-02-00-7. Ano: 2007. Turma: 12ª. Data de Publicação: 3.4.2009).

"TST, 6ª Turma. **RECURSO DE REVISTA. REPRESENTAÇÃO DAS 1ª e 2ª RECLAMADAS. AUDIÊNCIA. PREPOSTO NÃO EMPREGADO. CONFISSÃO FICTA. REVELIA.** Decisão regional em contrariedade à Súmula n. 377/TST, *verbis*: Exceto quanto à reclamação de empregado doméstico, ou contra micro ou pequeno empresário, o preposto deve ser necessariamente empregado do reclamado. Inteligência do art. 843, § 1º, da CLT e do art. 54 da LC n. 123, de 14 de dezembro de 2006. Recurso de revista conhecido e provido." (RR 2310006320045020050 231000-63.2004.5.02.0050, Rel. Min. Flávio Portinho Sirangelo, Julgamento: 2.5.2012).

Posicionamento contrário minoritário:

"**AUDIÊNCIA DE INSTRUÇÃO. REVELIA E CONFISSÃO FICTA. PREPOSTO.** De acordo com o art. 843, § 1º, da CLT "É facultado ao empregador fazer-se substituir pelo gerente, ou qualquer outro preposto que tenha conhecimento do fato, e cujas declarações obrigarão o proponente." A legislação é clara e não traz limitação, vale dizer, não determina que o preposto seja empregado da empresa (no caso de pessoa jurídica) e tampouco que no caso de demanda ajuizada em face de pessoa física esta deva vir pessoalmente para prestar depoimento. A exigência é de que o preposto tenha conhecimento dos fatos e, caso desconhecê-los, o prejuízo será da própria parte, que incorrerá em confissão ficta." (RO 1764200648202009 SP 01764-2006-482-02-00-9, Rel. Mercia Tomazinho, Julgamento: 19.1.2010, 3ª Turma).

Além desses entendimentos, parte da doutrina tem manifestado que se o preposto comparecer à audiência e este não for empregado da reclamada, deverá o juiz aplicar o art. 13 do CPC, ou seja, suspender o processo e determinar a regularização processual e, caso não cumprida a determinação, aí sim aplicar a pena de revelia e confissão.

Em nossa avaliação o preposto deve certamente ser empregado da Reclamada, estando acertada tal súmula, porque um preposto que não seja empregado da Reclamada não terá como elucidar os fatos, violando o princípio da verdade real. Além disso, entendemos que qualquer entendimento contrário a súmula viola o princípio da igualdade, já que o Reclamante não pode nomear um preposto para realizar depoimento em seu lugar.

Outrossim, e infelizmente percebemos hoje prepostos profissionais, a chamada "profissionalização de prepostos", muitas vezes bacharéis em direito, que são "nomeados" ou "contratados" para determinada audiência apenas com o objetivo de favorecer a Reclamada. Do nosso ponto de vista tal fato não está correto, sendo até mesmo uma injustiça com a parte contrária, e com a verdade real, princípio este que é basilar do direito do trabalho.

Aliás, mesmo que não existisse a Súmula n. 377 do TST, ao interpretar o art. 843 da CLT constata-se que a legislação menciona primeiro "gerente" e após a vírgula "preposto", o que por óbvio trata-se de qualquer outro empregado.

Ainda que não fosse dessa forma, a contratação de prepostos não empregados violaria o princípio da verdade real, e bastaria este fato para que fosse aplicada a revelia e confissão, porque os princípios estão acima da lei, servindo de norte, ou seja, de direção ao intérprete, bem como é por meio dos princípios que existe a inspiração do legislador, sendo estes como se fossem alicerces de uma construção.

### 10.4.2. Prova testemunhal

A prova testemunhal é de grande importância no processo do trabalho, tendo em vista o princípio da primazia da realidade que se tem no direito do trabalho, assim como o princípio da oralidade no processo.

Portanto, tanto para a execução das provas dos pedidos de vínculo de emprego, pedido de eventuais diferenças de comissões contratadas, bem como para afastar outros pedidos dos reclamantes, a prova testemunhal é de grande valia, e deve ser produzida nos moldes do ônus da prova de cada parte.

Sobre o ônus da prova cabe apreciar o disposto no art. 818 da CLT:

"Art. 818 — A prova das alegações incumbe à parte que as fizer."

Em que pese alguns entendimentos contrários, entendemos que de forma supletiva aplica-se o art. 333 do Código de Processo Civil ao processo do Trabalho, *in verbis*:

"**Art. 333.** O ônus da prova incumbe:

**I** — ao autor, quanto ao fato constitutivo do seu direito;

**II** — ao réu, quanto à existência de fato impeditivo, modificativo ou extintivo do direito do autor."

Sobre a análise jurídica do ônus da prova não iremos nos aprofundar neste item, restando ressaltar que existe a possibilidade de inversão do ônus da prova no processo do trabalho que pode ser aplicada dentro da análise processual específica de cada caso a determinada demanda judicial.

Assim, cabe ao corretor de imóveis ou à empresa reclamada providenciar o comparecimento de suas testemunhas para provar os fatos por eles alegados em suas peças, seja na inicial, seja na defesa.

Lembramos que a testemunha é aquela que presenciou os fatos alegados e não aquela que somente possui conhecimento teórico, que "ouviu dizer".

### 10.4.3. Prova emprestada

A prova emprestada, em regra geral, nada mais é que a utilização de uma prova que foi realizada em outro processo, juntando-se tal prova em outro processo.

Alguns juristas entendem a possibilidade de utilizar tal prova; outros, no entanto, são contrários. Existem alguns tipos de prova emprestada como, por exemplo, a pericial e outra testemunhal.

Na prática existem pedidos de que não seja realizada a perícia, levando em consideração, no julgamento, o pedido de prova emprestada.

> "Não ofende o art. 195 da CLT, decisão que se utiliza de prova emprestada, realizada anteriormente no local de trabalho do reclamante e com o mesmo objeto, para efeito de constatação de insalubridade, mormente quando deixa igualmente claro que outros empregados recebem referida parcela por força de perícia técnica já realizada." (AIRR 722.927/01 — Milton de Moura França — TST).

Contudo, para argumentar sobre prova emprestada, devemos fazer algumas observações e analisar os pressupostos de admissibilidade de tal prova.

O primeiro pressuposto é a impossibilidade de realização da perícia, seja porque o local foi extinto, seja porque o local foi extremamente alterado.

O segundo pressuposto é que pelo menos uma das partes deve ser idêntica entre o processo original e aquele em que foi realizada a prova emprestada. Um exemplo é uma prova emprestada de laudo pericial feito em reclamatória de outro trabalhador em face do mesmo empregador e mesmo local de trabalho.

O terceiro requisito de admissibilidade é de que tenha sido assegurado no processo o contraditório. Isto significa que não adiantará utilizar um laudo "prova emprestada" que não foi assegurado o contraditório no processo em que foi feita a prova pericial. Um exemplo disso é a parte que extrai cópias de um laudo pericial de um processo, as partes não realizaram impugnação ao laudo pericial ou não se manifestaram sobre a complementação ao laudo pericial.

Passadas estas questões, trataremos da força probante dessa prova emprestada.

Essa prova emprestada tem força de documento ou força de prova pericial?

Quanto a esta questão, deve-se esclarecer que existem dois entendimentos a respeito desse assunto. Parte da doutrina entende que terá força de documento e uma segunda corrente acredita que terá a mesma força do processo original, portanto terá a força de perícia.

Trataremos agora de um interessante tema e que gera muita polêmica na prática: a possibilidade ou não de prova emprestada testemunhal.

Entendemos que a prova emprestada testemunhal deve ser evitada e utilizada apenas em casos excepcionais, como, por exemplo, falecimento, impossibilidade da feitura da prova pericial no processo em questão, entre outros.

Entretanto, na prática, alguns advogados vêm utilizando dessa prova, e, alguns juízes acabam levando-a em consideração seja pelo conjunto da prova ou até mesmo como um indício.

Resta mencionar no que tange a prova emprestada pericial. Dificilmente vemos perícia de insalubridade e periculosidade de corretores de imóveis na prática, porém nada impede de requerer tal pleito caso as condições de trabalho sejam, por exemplo, insalubres.

## 10.5. VALORAÇÃO DA PROVA PELO JUIZ

O magistrado tem ampla liberdade para valorar a prova no processo do trabalho, conforme o princípio da persuasão racional e o livre convencimento inserido no art. 131 do CPC.

Renato Saraiva, ao lecionar sobre a valoração da prova, cita:

> "Nos dias atuais, impera entre nós o sistema da persuasão racional ou convencimento racional, uma espécie de síntese dos anteriores, em que, embora se permita ao magistrado apreciar livremente as provas, sua convicção deve ser formada com base nas provas produzidas nos autos. Logo, o juiz apreciará livremente a prova, atendendo aos fatos e circunstâncias constantes dos autos, ainda que não alegados pelas partes, mas deverá indicar, na sentença, os motivos que lhe formaram o convencimento. O Código de Processo Civil adotou, claramente, o princípio da persuasão racional (livre convencimento motivado), conforme previsto no art. 131 do digesto processual civil."(49)

O magistrado, portanto, na fundamentação deverá, conforme ensinamentos anteriores, indicar os motivos que levaram a tal convencimento, porque a Constituição Cidadã no art. 93, IX exige que as decisões sejam fundamentadas.

Iremos tratar nas linhas que seguem a valoração da prova sob o aspecto do comportamento das partes e testemunhas da audiência.

A presença do princípio da oralidade está presente de forma mais intensa na seara processual trabalhista, tanto que as provas em sua maioria,

---

(49) SARAIVA, Renato. *Curso de direito processual do trabalho*. São Paulo: Método, 2008. p. 381.

e até mesmo em sua totalidade, são realizadas em audiência (princípio da concentração dos atos processuais).

Em virtude de todas essas características é que a prova oral é de grande relevância, e será analisado se o comportamento ou das partes, ou das testemunhas, pode ajudar o julgador a valorar determinada prova sob o aspecto do comportamento daquele que está depondo em juízo.

Para o doutrinador Mauro Schiavi o comportamento das partes pode influenciar o julgador, estando tal doutrinador convencido que por esse motivo deve-se aplicar o princípio da identidade física do juiz. Assim pedimos licença para transcrever tais ensinamentos:

> "O comportamento das partes no processo, e em audiência podem influir, significativamente, na convicção do Juiz do Trabalho. Desse modo, a personalidade, o grau de humildade ou arrogância, a cooperação com a justiça, a firmeza no depoimento, a segurança ou insegurança ao depor, a boa-fé, a honestidade dos litigantes, dentre outros comportamentos, devem ser considerados pelo órgão julgador.
>
> (...)
>
> Por isso, estamos convencidos de que o princípio da identidade física do juiz deve ser implementado e impulsionado no processo do trabalho para que a valoração da prova seja realizada com efetividade e a decisão reflita justiça e realidade."[50]

Importante mencionar que antes não se aplicava a identidade física do juiz, porém na atualidade, após o cancelamento da Súmula 136 do Colendo TST, na maioria dos Estados, como se dá aqui em São Paulo, o juiz que realizou a instrução é quem deverá julgar, salvo exceções como em casos de aposentadoria, entre outros.

Em consonância com o entendimento doutrinário, constatamos em algumas ementas que o Tribunal em certos momentos tem prestigiado o entendimento do juiz que colheu a prova, pois foi este quem analisou de forma direta o depoimento pessoal. Assim pedimos licença para transcrever a ementa.

> "PROVA TESTEMUNHAL. VALORAÇÃO. Ninguém melhor que o Juiz que colheu a prova testemunhal para aferir seu valor. Afinal, ele é que manteve o contato vivo, direto e pessoal com o depoente, medindo-lhe as reações, a (in)segurança, a (in)sinceridade, a postura. Aspectos, aliás, que não se exprimem, que a comunicação escrita, dados os seus acanhados limites, nem sempre permite traduzir. O Juiz que colhe o depoimento é, por assim dizer, a testemunha da prova. Por isso, o convencimento extraído pelo

(50) SCHIAVI, Mauro. *Provas no processo do trabalho*. São Paulo: LTr, 2010. p. 68-69.

Juiz que colheu a prova deve sempre ser prestigiado, salvo quando houver elementos muito contundentes a revelar desvio de valoração. Horas extras, recurso da ré a que se nega provimento, nesse ponto." (TRT/SP — 00109200946502000 — RO — Ac. 11ªT 20100471140 — Rel. Eduardo De Azevedo Silva — DOE 1º.6.2010).(51)

### 10.5.1. Indícios

Segundo o dicionário(52) indício significa vestígio, sinal, indicação. Dessa forma, entendemos que o indício não é um meio de prova em si, mas que em consonância e analisado em conjunto com outros elementos poderá contribuir para a convicção do magistrado.

### 10.5.2. Presunções

A primeira observação é que a presunção não é necessariamente um meio de prova, mas um raciocínio que decorre de determinada situação.

Nota-se que as presunções podem ser absolutas ou relativas, sendo que no primeiro caso não se admite prova em contrário, enquanto no segundo se admite.

Grande parte da doutrina entende que a regra da presunção absoluta no processo do trabalho não é aplicável, tendo em vista que neste impera a regra da primazia da realidade.

### 10.5.3. Princípio da comunhão da prova

Pelo princípio da unidade da prova ou comunhão entende-se que a prova deve ser analisada em seu conjunto, não admitindo que seja analisada de forma isolada.

Nesse sentido, pedimos licença para transcrever o entendimento do doutrinador Sergio Pinto Martins.

> "**Unidade da prova**: a prova deve ser apreciada em seu conjunto, em sua unidade, globalidade e não isoladamente."(53) (Grifo nosso).

### 10.5.4. In dubio pro operario

Encontramos tal princípio na doutrina de direito material do trabalho. Ocorre que muito se debate se o princípio *in dubio pro operário* tem aplicabi-

---

(51) Disponível em: <http://www.trtsp.jus.br>.

(52) <http://www.priberam.pt/dlpo/default.aspx?pal=gerente>. Acesso em: 1 dez. 2012

(53) MARTINS, Sergio Pinto. *Direito processual do trabalho*. 27. ed. São Paulo: Atlas, 2007. p. 311.

lidade no processo do trabalho, principalmente nas questões em que a prova é empatada ou dividida.

Embora uma corrente minoritária advogue a tese de que deve ser aplicado o princípio *in dubio pro operário* na valoração da prova, a doutrina e a jurisprudência de forma majoritária vêm entendendo que na hipótese de prova empatada ou dividida deve-se observar de quem era o ônus de demonstrar determinado fato.

> "PROVA DIVIDIDA. ÔNUS DA PROVA. PRINCÍPIO DO *IN DUBIO PRO OPERARIO*. INAPLICÁVEL. O princípio *in dubio pro operario*, segundo o qual, havendo mais de uma interpretação possível para a norma, deve-se escolher a que for mais favorável ao trabalhador, embora seja um dos desdobramentos do princípio protetor que ilumina todo o Direito do Trabalho, é inaplicável em seara processual, para interpretação e análise do conjunto probatório. Assim, tratando-se de prova dividida, deve-se decidir contra quem tinha o encargo de produzir a prova e não o fez. Aplicação dos arts. 818 da CLT e 333 do CPC." (TRT 15ª R. Processo n. 00015-2008-118-15-00-8. Recurso Ordinário. Origem: Vara do Trabalho de Itapira).(54)

Outra questão que gera certa polêmica e opiniões divergentes refere-se aos poderes instrutórios do juiz do trabalho, sendo que a doutrina de forma majoritária vem admitindo que o magistrado possua poderes instrutórios, pois o magistrado deve preservar a dignidade do processo, possuindo amplos poderes conforme art. 765 da CLT.

Além destes fundamentos que levaram a doutrina a afirmar que o juiz possui amplos poderes instrutórios, a doutrina ainda elenca a livre convicção do juiz como sendo uma forma de respeitar o Estado Democrático de Direito.

---

(54) Disponível em: <http://www.trt15.jus.br>.

# XI

# DE QUEM É O ÔNUS DA PROVA?

## 11.1. CONCEITO DE ÔNUS

Quando se fala em ônus deve-se ter em mente a ideia de encargo, fardo, peso. Desta forma, quando mencionamos sobre o ônus da prova no processo estamos nos referindo a quem compete o encargo de um fato.

No caso de pedido de vínculo de emprego, via de regra o ônus da prova é do reclamante — corretor de imóveis. Nesse sentido:

> "VÍNCULO DE EMPREGO. CORRETOR DE IMÓVEIS. Ausente prova de subordinação não se pode considerar existente relação de emprego." (Tipo: Recurso Ordinário. Data de Julgamento: 10.8.2010. Relator(a): Maria de Lourdes Antonio. Revisor(a): Lilian Gonçalves Acórdão n.: 20100781670. Processo n.: 00965-2007-065-02-00-1. Ano: 2007. Turma: 17ª. Data de Publicação: 25.8.2010.).

## 11.2. QUANDO A RECLAMADA NEGA A PRESTAÇÃO DE SERVIÇOS

Em uma situação hipotética na qual a reclamada tenha negado a prestação de serviços, argumentando, por exemplo, que o corretor nunca lhe prestou serviços, o ônus da prova é do corretor de imóveis (reclamante), que possui o encargo de provar ao juiz a existência do fato, pois caso não consiga provar muito provavelmente este terá a improcedência do pedido.

## 11.3. QUANDO A RECLAMADA ADMITE A PRESTAÇÃO DE SERVIÇOS

A doutrina e a jurisprudência têm entendido de forma majoritária que a reclamada quando admite a prestação de serviços atrai para si o ônus da prova. Vejamos:

> "ADMISSÃO DA PRESTAÇÃO DE SERVIÇOS SEM VÍNCULO EMPREGATÍCIO: INVERSÃO DO ÔNUS DA PROVA. Tendo a reclamada admitido a prestação de serviços,

mas negado a existência do vínculo de emprego, atraiu para si o ônus da prova acerca da inexistência do vínculo empregatício, do qual não se desvencilhou, devendo prevalecer a conclusão acerca da existência de trabalho mediante vínculo empregatício no período anterior ao registro na CTPS do obreiro." (Acórdão n.: 20090292833. N. de Pauta: 050. Processo TRT/SP n.: 01232200603502001. Recurso Ordinário — 35 VT de São Paulo ).

Parte da jurisprudência vem manifestando que o princípio da proteção aplica-se ao processo do trabalho, sendo presumido o trabalho subordinado quando a reclamada admite a prestação de serviços.

"Da aplicação do Princípio da Proteção, que vigora no processo do trabalho, tem-se que toda a prestação de serviços traz, em si, a presunção (relativa) da subordinação, salvo demonstração cabal em contrário, a cargo do empregador." (TRT 6ª R., RO 00027.2003.006.06.00-9, 1ª T., Rel. Juíza Valéria Gondim Sampaio, j. 23.09.2003, unânime, DOE 25.10.2003.)

Contudo, existe uma corrente minoritária que sustenta que a reclamada não atrai o ônus da prova quando reconhece a prestação de serviços, mas nega o vínculo de emprego. Vejamos:

"VÍNCULO DE EMPREGO. CORRETOR DE IMÓVEIS. Réu que admite a prestação do serviço, mas não a subordinação. Ônus da prova. Se o réu admite a prestação do serviço, porém nega a subordinação, não está a opor fato impeditivo, mas sim a negar a existência do próprio negócio jurídico que serve de arrimo à pretensão. Por isso, e à vista do que dispõe o art. 818 da CLT, não cabe só ao réu provar que o trabalho era autônomo, mas também ao autor, e fundamentalmente a ele, a prova da subordinação, que é, esse sim, o elemento crucial da relação de emprego. Recurso do autor a que se nega provimento." (Recurso Ordinário. Data de Julgamento: 20.10.2009. Relator(a): Eduardo de Azevedo Silva. Revisor(a): Jomar Luz de Vassimon Freitas. Acórdão n.: 20090916772. Processo n.: 01558-2008-291-02-00-5. Ano: 2009. Turma: 11ª. Data de Publicação: 3.11.2009).

Assim, apoiamos a corrente que aduz que em caso de admissão pela reclamada da prestação de serviços, ela atrairá o ônus da prova pelos mesmos motivos apresentados na corrente citada.

## 11.4. A QUESTÃO DA INVERSÃO DO ÔNUS DA PROVA

Na prática percebemos que alguns magistrados, na própria audiência, quando verificam que a defesa admite a prestação de serviços do corretor de imóveis como autônomo, invertem a ordem dos depoimentos, ou seja, invertem o ônus da prova durante a audiência.

Entendemos que como advogados que representam os interesses do reclamante, após a verificação do teor da defesa, e se constatando a confissão da prestação dos serviços, que o patrono do reclamante podem requerer em sede de réplica a inversão do ônus da prova ao magistrado.

Inclusive parte da doutrina tem se manifestado sobre a possibilidade da inversão do ônus da prova em audiência.

"(...) Nada impede que o juiz do trabalho, se assim entender conveniente, ouça, em primeiro lugar, o réu. Se essa inversão pode, em princípio, envolver descompasso com a base lógica a respeito da ordem de interrogatório dos litigantes, a que há pouco nos referimos, é indiscutível que não implica nenhuma lesão ao processo do trabalho, que, se adotou a ordem indicada pelo CPC, o fez apenas por uma questão pragmática e não — o que seria absurdo — por imposição daquela norma processual civil. **Com efeito, essa inversão é adotada, principalmente, nos casos em que o ônus da prova incumbe ao réu. Sendo assim, ouvido este, com precedência ao autor, e vindo a confessar, será dispensável o depoimento do autor** e, em muitos casos, a inquirição das testemunhas (...)"[55] (Grifo nosso).

Contudo, parte da doutrina tem manifestado que esta questão sobre a inversão do ônus da prova deve ser analisada somente em sentença, e não em audiência com inversão da ordem dos depoimentos.

---

(55) TEIXEIRA FILHO, Manoel Antonio. *Manual da audiência na justiça do trabalho*. São Paulo: LTr, 2010. p. 337.

# XII

# CORRETOR NÃO EMPREGADO QUE PRESTA SERVIÇOS COM RELAÇÃO DE CONSUMO

## 12.1. QUEM DEVE PAGAR A COMISSÃO?

Neste tópico trataremos do corretor que não é empregado, mas que presta serviços diretamente a um consumidor final, ou seja, o corretor realmente autônomo.

A respeito da relação de consumo, devemos observar o que reza os arts. 2º, 17 e 29, bem como o art. 3º, § 2º da Lei n. 8.078/90:

> "Art. 2º Consumidor é toda pessoa física ou jurídica que adquire ou utiliza produtos ou serviço como destinatário final.
>
> Art. 17. Para efeitos desta Seção, equiparam-se aos consumidores todas as vítimas do evento.
>
> Art. 29. Para os fins deste Capítulo e do seguinte, equiparam-se aos consumidores todas as pessoas determináveis ou não, expostas às práticas nele previstas."
>
> Art 3º, § 2º. Fornecedor é toda pessoa física ou jurídica, pública ou privada nacional ou estrangeira, bem como os entes despersonalizados, que desenvolvem atividades de produção, montagem, criação, construção, transformação, importação, exportação, distribuição ou comercialização de produtos ou **prestação de serviços.**" (Grifo nosso).

Passados tais comentários, nesta hipótese realizamos a seguinte pergunta: Quem deve pagar ao corretor a comissão quando a relação for de consumo e de autonomia? O comprador ou o vendedor?

Assim, não temos lei disciplinando quem deve efetuar o pagamento a praxe, e a lógica indica que via de regra quem faz o pagamento é aquele quem contratou o corretor.

Imaginemos que a pessoa "x" seja proprietária de um imóvel residencial e pretende vendê-lo; "x" então contrata o corretor de imóveis autônomo para fazer a venda de seu imóvel e lhe pagará 6% sobre o valor da venda. O corretor, por sua vez, oferta esse imóvel para pessoa "y" que o adquire para sua moradia. Nesse caso há incidência do CDC ficando acordado que a pessoa que pagará a remuneração do corretor é "x" — vendedor.

No entanto, podemos encontrar uma situação diversa: "y" contrata o corretor para que este localize um imóvel residencial para aquisição na cidade de São Paulo, no bairro "w", e para tanto os honorários serão de 6%. Neste caso quem contrata o profissional é o comprador.

Contudo, hipoteticamente no caso do corretor de imóveis não ter firmado contrato com seu cliente, e ter vendido o imóvel do mesmo aproximando as partes, quem deve arcar com o pagamento da comissão?

Lembramos aos corretores e profissionais de vendas que o melhor caminho para evitar discussões desnecessárias é firmarem contratos de prestação de serviços com seus clientes.

Neste caso a prova será testemunhal, e não havendo, o magistrado analisará o caso concreto, mas via de regra a obrigação de pagar a comissão é daquele que contrata o profissional, neste caso o vendedor, já que não houve estipulação diversa.

Outra hipótese que pode ocorrer é o ajuste entre as partes: quem arcará com a comissão do corretor será o comprador, mesmo que quem tenha contratado o profissional tenha sido o vendedor. Neste caso é imprescindível o prévio ajuste entre as partes e se possível de forma expressa, evitando futuros dissabores aos contratantes e ao corretor de imóveis.

Dessa forma, é livre a estipulação entre as partes de quem deve arcar com os honorários, sendo obrigação, via de regra, da parte contratante.

## 12.2. QUAL O PERCENTUAL DA COMISSÃO NA VENDA E COMPRA PARA CORRETORES NÃO EMPREGADOS?

Conforme dispõe o art. 724 do Código Civil, se não fixada em lei, ajustada pelas partes, será arbitrada pela natureza do negócio.

> "Art. 724. A remuneração do corretor, se não estiver fixada em lei, nem ajustada entre as partes, será arbitrada segundo a natureza do negócio e os usos locais."

O valor dos honorários deve ser fixado pelas partes no momento da contratação do negócio, quando também deve se estipular a ocasião devida à remuneração.

Os corretores de imóveis devem fixar seus honorários dentro da legislação a eles pertinentes, no caso as resoluções e tabelas dos órgãos de classe CRECI e COFECI.

Contudo, há hipóteses em que não ajustado previamente os honorários, a questão passa a ser discutida judicialmente, cabendo ao advogado da parte atentar às tabelas já citadas no momento de requerer amparo para a procedência de seu pedido.

Frisa-se aqui que os corretores que tenham vínculo de emprego já reconhecido ou ainda pretendem pleiteá-lo, quando comissionistas, devem e podem utilizar as tabelas de seus órgãos de classe, já que as mesmas não são de uso exclusivo de profissionais autônomos, mas foram e são criadas para regular a profissão de forma ética e manter a ordem no mercado imobiliário com igualdade de condições.

## 12.3. QUAL A JUSTIÇA COMPETENTE PARA PLEITEAR DIREITOS?

Como citadas ao longo dessa obra, existem diversas situações nas quais o corretor pleiteia seus direitos na justiça do trabalho quando trabalha para imobiliárias/construtoras com uma relação de emprego ou de trabalho.

Contudo, quando o corretor presta serviços a um consumidor, não se trata de relação de trabalho nem de emprego, mas de consumo, razão pela qual deve pleitear seus direitos na justiça comum. Exemplo: corretor de imóveis contratado por "x" pessoa física que quer vender sua residência; outro exemplo: corretor contratado por "y" pessoa física que pretende adquirir um imóvel.

## 12.4. QUAIS DIREITOS O CORRETOR PODE PLEITEAR?

O corretor de imóveis geralmente ingressa com ações judiciais para pleitear o direito a comissão de corretagem. Mas quando este profissional passa a adquirir tal direito?

Conforme art. 725 do Código Civil, o corretor passa a ter direito a percepção da corretagem quando alcançar o resultado previsto no contrato.

> "Art. 725. A remuneração é devida ao corretor uma vez que tenha conseguido o resultado previsto no contrato de mediação, ou ainda que este não se efetive em virtude de arrependimento das partes."

Para tanto, vejamos o que dispõe o Código Civil sobre contrato de corretagem:

> "Art. 722. Pelo contrato de corretagem, uma pessoa, não ligada a outra em virtude de mandato, de prestação de serviços ou por qualquer relação de dependência, obriga-se a obter para a segunda um ou mais negócios, conforme as instruções recebidas."

Contudo, nas inúmeras vezes em que nos deparamos com uma lide não há contrato escrito entre as partes. Sendo assim, quando ocorre este momento?

A jurisprudência vem decidindo, sabiamente, que sucede com a aproximação das partes, ainda que no término da transação o corretor seja afastado do negócio celebrado.

Nesse sentido:

"CIVIL E EMPRESARIAL. INTERMEDIAÇÃO OU CORRETAGEM PARA A VENDA DE IMÓVEL. APROXIMAÇÃO ÚTIL DAS PARTES. VENDA APÓS O PRAZO ESTIPULADO EM CONTRATO. COMISSÃO DEVIDA.

Para que seja devida a comissão, basta a aproximação das partes e a conclusão bem sucedida de negócio jurídico. A participação efetiva do corretor na negociação do contrato é circunstância que não desempenha, via de regra, papel essencial no adimplemento de sua prestação. Portanto, esse auxílio, posterior à aproximação e até a celebração do contrato, não pode ser colocado como condição para o pagamento da comissão devida pelo comitente.

Se após o término do prazo estipulado no contrato de corretagem vier a se realizar o negócio jurídico visado, por efeitos dos trabalhos do corretor, a corretagem ser-lhe-á devida. Recurso especial improvido." (STJ — 3ª T., REsp 1.072.397/RS, Rel. Min. Nancy Andrighi, DJ 9.10.2009).

"CONTRATOS. CORRETAGEM. COBRANÇA. VENDA DE APARTAMENTO E ARREPENDIMENTO POSTERIOR DA COMPRADORA APÓS ASSINADO O CONTRATO. NEGÓCIO CONCRETIZADO. LITÍGIO ENTRE AS PARTES QUE NÃO INTERFERE NOS DIREITOS DO CORRETOR DE IMÓVEIS. AÇÃO JULGADA PROCEDENTE. RECURSO IMPROVIDO.

Não havendo cláusula específica em contrário, o direito à percepção da comissão de corretagem não está condicionado ao cumprimento das obrigações assumidas pelas partes em compromisso de venda e compra de apartamento. A prova de dificuldades no adimplemento das obrigações por parte da compromissária compradora é irrelevante para solução da lide e cabe direito à remuneração pelo corretor mediante simples prova de aproximação das partes e o consenso sobre a aquisição do imóvel." (TJ/SP — 32ª C. Dir. Priv., AP. Cív. n. 776.688-0/5, Rel. Des. Kioitsi Chicuta, julg. 26.1.2006).

"COBRANÇA. COMISSÃO DE CORRETAGEM. Aproximação das partes, concretização do negócio. A atividade do corretor de imóveis e de fim e não de meio. Alcançado o resultado, que e a compra e venda, é devida a comissão, mesmo que o profissional tenha sido isolado no decorrer da negociação. Assim, para que seja devida a comissão de corretagem, **basta que se prove a aproximação eficaz das partes pelo corretor**. Provido o recurso principal, fl. 123. Improvido o recurso adesivo, fl.142." (TJ/RS — 16ª C. Cív. AP. Cív. n. 70006116164, Rel. Des. Claudir Fidelis Faccenda, julg. 23.4.2003). (Grifo nosso).

Ressaltamos aqui que existem opiniões divergentes com as quais não coadunamos. Como, por exemplo, o julgado do C. STJ REsp n. 753.566 que decidiu que quem contrata corretores somente deve pagar comissão de corretagem se o negócio for concretamente efetivado; segundo este julgado a comissão de corretagem somente seria devida se houvesse a conclusão efetiva do negócio, sem desistência por parte dos contratantes.

Outra forma comum de ação por parte dos corretores de imóveis é a ação de execução de título extrajudicial, pois é comum no mercado imobiliário os mesmos receberem suas comissões por meio de cheques ou das partes envolvidas no negócio ou de terceiros.

Neste caso independentemente da origem do título de crédito, por ser autônomo e de livre circulação, possui o mesmo modo de cobrança, qual seja a ação de execução, caso não esteja prescrito.

## 12.5. QUAL O PRAZO PRESCRICIONAL PARA INGRESSO DA AÇÃO?

Os corretores realmente autônomos, que prestem seus serviços a destinatários finais, ou seja, consumidores, devem buscar o direito não reconhecido ao pagamento de comissão na justiça cível, e instruir a ação com todas as provas que tiver. Prazo prescricional de 5 anos, art. 206, § 5º, II do Código Civil.

Caso trate-se de ação fundada em execução de título extrajudicial — cheques, por exemplo —, o prazo prescricional passa a ser de 6 meses contados a partir da data de expiração do prazo de apresentação do cheque ao Banco (30 dias quando emitido no local que deveria ter sido pago ou 60 dias quando emitido em outro lugar do país ou no exterior, iniciando-se este prazo a partir do dia da emissão).

Contudo, caso o prazo tenha se esgotado, o credor ainda poderá ingressar com ação judicial de via executiva, ou alegando "locupletamento ilícito" ou "enriquecimento injusto", no prazo de 02 (dois) anos, iniciando-se a partir do término do prazo de 6 meses da ação executiva descrita, nos termos do art. 61 da Lei n. 7.357/85.

Caso tenham se esgotado os prazos, o credor ainda assim poderá se valer de via judicial para cobrança por meio da ação monitória, vide Súmula n. 299 do STJ e art. 1.102.a. do Código de Processo Civil, que prescreve em 5 anos a contar da emissão do título, conforme art. 206, §5º, I do Código Civil, pelo critério geral.

## 12.6. CUIDADOS DO PROFISSIONAL AO COMERCIALIZAR IMÓVEIS. CÓDIGO DE DEFESA DO CONSUMIDOR

O corretor de imóveis deve observar a legislação em geral, bem como o código de defesa do consumidor, sendo importante que o profissional esclareça de forma transparente sobre a realização do negócio em homenagem ao princípio da transparência nas relações de consumo art. 4º, 6º, III do CDC. Nesse sentido:

"O dever de informar é princípio fundamental na Lei n. 8.078, aparecendo inicialmente no inciso II do art. 6º, e, junto ao princípio da transparência estampado no *caput* do art. 4º, traz uma nova formatação aos produtos e serviços oferecidos no mercado.

Com efeito a sistemática implantada pelo CDC, o fornecedor está obrigado a prestar todas as informações acerca do produto e do serviço, suas características, qualidades, riscos, preços, etc., de maneira clara e precisa, não se admitindo falhas ou omissões."(56)

Deve atentar ao que está vendendo, levando em consideração que o produto ou serviço não poderá estar com vício nem defeito.

Importante observar que toda oferta/publicidade de forma escrita, e até mesmo verbal, vinculam o fornecedor de serviços — neste caso o corretor de imóveis. Nos termos do art. 427 do Código Civil a oferta obriga o proponente, e pelo Código de Defesa do Consumidor art. 48 a oferta o vincula.

Além disso, é importante que o corretor conheça a Lei n. 8.078/90 para estar ciente das normas elencadas, pois as questões tratadas neste tópico não esgotam a matéria.

O corretor deve estar inteirado, ou seja, saber o que irá vender, ter todas as informações seguras sobre o imóvel ou terreno que quiser ofertar, porque as informações e ofertas os vinculam ao negócio.

Nota-se que até mesmo o Código de Ética do corretor versa que este deve estar informado do negócio antes de oferecê-lo, conforme reza o art. 4º.

Além disso, é essencial que o corretor de imóveis tenha cópia, na medida do possível, das informações passadas aos seus clientes, devendo este se documentar de preferência por escrito, se possível em folha a ser entregue ao cliente usando blocos carbonados, ou outra espécie, e fique sempre com uma cópia da proposta entregue ao cliente, e caso o cliente concorde, o corretor pode pedir para que ele assine o papel ou viste; outro meio muito útil é o uso de e-mails ou mensagens virtuais.

### 12.6.1. Cuidados na feitura do contrato de compra e venda

Antes de falar sobre os cuidados que o corretor deve ter com a feitura dos contratos, devemos observar que o corretor deverá, antes de ofertar qualquer imóvel, analisar as certidões.

Desta forma, o corretor deverá providenciar a certidão, devendo esta ser expedida pelo cartório de registro de imóveis onde encontra-se o imóvel

(56) NUNES, Rizzatto. *Curso de Direito do Consumidor*. 7. ed. São Paulo: Saraiva, 2012. p. 185.

a ser comercializado. O objetivo de obter tal certidão é o de provar quem realmente é o dono/proprietário.

Deverá providenciar certidão negativa de ônus para verificar se existe algum gravame, seja judicial ou extrajudicial; exemplos são: a hipoteca, a penhora judicial, entre outros.

O corretor deverá retirar certidão vintenária do imóvel, ou seja, obter uma certidão que demonstra os 20 anos relativos àquele imóvel, quem foram os antigos proprietários e todas as pessoas que tiveram alguma ligação naquele determinado bem.

As certidões citadas podem ser obtidas por qualquer pessoa por se tratar de um documento público.

Com todo respeito às opiniões divergentes, entendemos que o corretor também deverá retirar certidões municipais, como certidão negativa de tributos municipais, quitação de IPTU, sendo necessário os documentos dos últimos 5 anos.

No caso de imóvel rural é necessário retirar a certidão de regularidade junto ao INCRA.

Deverá, ainda, retirar certidões do titular do imóvel como certidões relativas a ações judiciais, no âmbito federal, cível, trabalhista e até mesmo criminal.

Outra certidão de suma importância é a da junta comercial que verifica se existem empresas em nome dos vendedores. Caso realmente existam é conveniente retirar as certidões descritas também em nome da empresa, resguardando assim as partes, e principalmente o corretor de imóveis, para que não responda de forma civil, administrativa ou penal pela intermediação realizada de forma irregular ou com pendência.

É comum na prática verificar corretores que acreditam ser responsabilidade do adquirente a retirada de todas as certidões, e que no caso nem todas sejam obtidas o problema não será seu. Estão equivocados, e muito, em pensar dessa forma: aquele que vende ou intermedia a venda de algo deve estar ciente do que vende, pois o problema do adquirente pode passar a ser do corretor que não foi diligente em seu trabalho e não tomou as precauções.

Lembrando que caso o comprador não queira tirar todas as certidões, mesmo após o corretor de imóveis ter conscientizando-o da necessidade, é prudente solicitar termo de ciência e negativa por escrito, sob pena de ter que provar futuramente que fez a indicação da necessidade e a recusa não foi sua.

Existe também outro cuidado que deve ser tomado pelo corretor no momento da negociação: pedir ao vendedor que declare que não possui débitos sujeitos a ações futuras, pelo menos que seja de seu conhecimento, pois mesmo com todas as certidões é possível a existência de ações regressivas que podem ser localizadas pelo corretor ou seus clientes, evitando problemas futuros.

Vejamos um caso hipotético: um corretor contratado pelo vendedor de um imóvel não tira e não informa a parte compradora da necessidade das certidões; futuramente, após a venda e compra, o comprador se depara com uma decisão judicial para deixar o imóvel ante dívida trabalhista do vendedor originário. Neste caso ele poderá acionar não somente o vendedor do imóvel, mas também o corretor que foi negligente em seu trabalho.

Este simples exemplo demonstra a importância do corretor de imóveis se resguardar no momento do fechamento do negócio e de que o problema pode sim vir a ser dele.

Passadas tais considerações, no ato da redação do contrato de venda e compra, além de todos estes cuidados, o corretor de imóveis que não se sentir apto a redigir o contrato pode contar com os serviços jurídicos especializados.

Contudo, caso o corretor se sinta capaz, seguem os principais cuidados no momento da redação do contrato, seja para o profissional do direito, para os corretores ou para as partes contratantes.

O primeiro cuidado deve ser com a formatação do texto: o contrato deve estar com letra em tamanho legível, sem entrelinhas ou palavras de tamanho reduzido que dificultem a leitura das partes, sugerindo-se no mínimo uma fonte tamanho 12.

Outra atenção é com a escrita dos dados que deve ser de forma minuciosa e correta, tomando o cuidado para dispor no contrato exatamente a metragem e descrição do bem assim como consta no cartório de imóveis, e também um cuidado especial na redação dos dados pessoais das partes.

Não iremos adentrar quanto ao mérito das cláusulas constantes do contrato, porque tudo dependerá de cada caso concreto para delimitar quais serão estas cláusulas, mas é importante que a redação das mesmas seja clara e que dentro do contexto uma cláusula não exclua a outra.

## 12.7. RESPONSABILIDADE CIVIL DO CORRETOR

Caso o corretor de imóveis cause danos a um consumidor, poderá ser responsabilizado. Nesta obra trataremos da responsabilidade civil do corretor de imóveis, sendo que no direito civil brasileiro temos três importantes artigos que cuidam da responsabilidade civil:

"Art. 186. Aquele que, por ação ou omissão voluntária, negligência ou imprudência, violar direito e causar dano a outrem, ainda que exclusivamente moral, comete ato ilícito.

Art. 187. Também comete ato ilícito o titular de um direito que, ao exercê-lo, excede manifestamente os limites impostos pelo seu fim econômico ou social, pela boa-fé ou pelos bons costumes.

Art. 927. Aquele que, por ato ilícito (arts. 186 e 187), causar dano a outrem, fica obrigado a repará-lo.

Parágrafo único. Haverá obrigação de reparar o dano, independentemente de culpa, nos casos especificados em lei, ou quando a atividade normalmente desenvolvida pelo autor do dano implicar, por sua natureza, risco para os direitos de outrem."

Conforme preceitua o art. 723 do Código Civil, o corretor deve executar seus serviços com diligência e prudência:

"Art. 723. O corretor é obrigado a executar a mediação com a diligência e prudência que o negócio requer, prestando ao cliente, espontaneamente, todas as informações sobre o andamento dos negócios; deve, ainda, sob pena de responder por perdas e danos, prestar ao cliente todos os esclarecimentos que estiverem ao seu alcance, acerca da segurança ou risco do negócio, das alterações de valores e do mais que possa influir nos resultados da incumbência."

Além da responsabilidade do corretor quanto a análise do código civil, também devemos observar alguns dispositivos do CDC, podendo inclusive caracterizar a responsabilidade objetiva:

"Art. 14. O fornecedor de serviços responde, independentemente da existência de culpa, pela reparação dos danos causados aos consumidores por defeitos relativos à prestação do serviço, bem como por informações insuficientes ou inadequadas sobre sua fruição e riscos."

Entretanto, entendemos que se o corretor executar seus préstimos como profissional liberal, sem nenhum vínculo com imobiliária ou construtora, sua responsabilidade deixará de ser objetiva passando a ser subjetiva, ou seja, é necessário provar a culpa do corretor para que este seja responsabilizado. Vejamos o que reza o § 4º do art. 14:

"Art. 14º, § 4º. A responsabilidade pessoal dos profissionais liberais será apurada mediante a verificação de culpa."

É importante mencionar que segundo o CDC (art. 20) o corretor responde pelos vícios de qualidade e quantidade, por isso é essencial a exatidão da oferta com o bem que se comercializa. Por exemplo, caso o corretor hipoteticamente venda um bem que está localizado em área de alagamento e não informe tal fato ao comprador, poderá responder de forma civil por tal omissão.

Nesse sentido:

"AGRAVO REGIMENTAL. PROCESSUAL CIVIL E CIVIL. ORIENTA A SÚMULA N. 7/STJ QUE, EM SEDE DE RECURSO ESPECIAL, É INVIÁVEL O REEXAME DE PROVAS. RESPONSABILIDADE CIVIL DO CORRETOR DE IMÓVEIS. O CORRETOR DE

IMÓVEIS DEVE ATUAR COM DILIGÊNCIA, PRESTANDO ÀS PARTES DO NEGÓCIO QUE INTERMEDEIA AS INFORMAÇÕES RELEVANTES, DE MODO A EVITAR A CELEBRAÇÃO DE CONTRATOS NULOS OU ANULÁVEIS, PODENDO, NESSES CASOS, CONSTATADA A SUA NEGLIGÊNCIA QUANTO ÀS CAUTELAS QUE RAZOAVELMENTE SÃO ESPERADAS DE SUA PARTE, RESPONDER POR PERDAS E DANOS. 1. A decisão tomada pela Corte local decorreu de fundamentada convicção embasada nos elementos contidos nos autos, de modo que a eventual revisão da decisão esbarraria no óbice intransponível imposto pela Súmula n. 7/STJ. 2. "É inequívoco que o corretor de imóveis deve atuar com diligência, prestando às partes do negócio que intermedeia as informações relevantes, de modo a evitar a celebração de contratos nulos ou anuláveis, podendo, nesses casos, constatada a sua negligência quanto às cautelas que razoavelmente são esperadas de sua parte, responder por perdas e danos." (REsp 1266937/MG, Rel. Ministro Luis Felipe Salomão, Quarta Turma, Julgado em: 6.12.2011, DJE 1º.2.2012) 3. Agravo Regimental Não Provido. (STJ — AGRG no Resp: 1309646 SP 2012/0032432-5, Relator: Ministro Luis Felipe Salomão, Data de Julgamento: 25.2.2014, T4 — Quarta Turma, Data de Publicação: DJE 7.3.2014).

Portanto, cabe ao corretor de imóveis ter todos os cuidados e reservas sob pena de ser responsabilizado por omissões ou danos causados a terceiros.

# XIII

# ANEXO

## 13.1. LEI N. 6.530, DE 12 DE MAIO DE 1978

Regulamento

Dá nova regulamentação à profissão de Corretor de Imóveis, disciplina o funcionamento de seus órgãos de fiscalização e dá outras providências.

**O PRESIDENTE DA REPÚBLICA**, faço saber que o Congresso Nacional decreta e eu sanciono a seguinte Lei:

Art 1º O exercício da profissão de Corretor de Imóveis, no território nacional, é regido pelo disposto na presente lei.

Art 2º O exercício da profissão de Corretor de Imóveis será permitido ao possuidor de título de Técnico em Transações Imobiliárias.

Art 3º Compete ao Corretor de Imóveis exercer a intermediação na compra, venda, permuta e locação de imóveis, podendo, ainda, opinar quanto à comercialização imobiliária.

Parágrafo único. As atribuições constantes deste artigo poderão ser exercidas, também, por pessoa jurídica inscrita nos termos desta lei.

Art 4º A inscrição do Corretor de Imóveis e da pessoa jurídica será objeto de Resolução do Conselho Federal de Corretores de Imóveis.

Art 5º O Conselho Federal e os Conselhos Regionais são órgãos de disciplina e fiscalização do exercício da profissão de Corretor de Imóveis, constituídos em autarquia, dotada de personalidade jurídica de direito público, vinculada ao Ministério do Trabalho, com autonomia administrativa, operacional e financeira.

Art 6º As pessoas jurídicas inscritas no Conselho Regional de Corretores de Imóveis sujeitam-se aos mesmos deveres e têm os mesmos direitos das pessoas físicas nele inscritas.

Parágrafo único. As pessoas jurídicas a que se refere este artigo deverão ter como sócio gerente ou diretor um Corretor de Imóveis individualmente inscrito.

Art 7º Compete ao Conselho Federal e aos Conselhos Regionais representar, em juízo ou fora dele, os legítimos interesses da categoria profissional, respeitadas as respectivas áreas de competência.

Art 8º O Conselho Federal terá sede e foro na Capital da República e jurisdição em todo o território nacional.

Art 9º Cada Conselho Regional terá sede e foro na Capital do Estado, ou de um dos Estados ou Territórios da jurisdição, a critério do Conselho Federal.

Art 10. O Conselho Federal será composto por dois representantes, efetivos e suplentes, de cada Conselho Regional, eleitos dentre os seus membros.

Art. 11. Os Conselhos Regionais serão compostos por vinte e sete membros efetivos e igual número de suplentes, eleitos em chapa pelo sistema de voto pessoal indelegável, secreto e obrigatório, dos profissionais inscritos, sendo aplicável ao profissional que deixar de votar, sem causa justificada, multa em valor máximo equivalente ao da anuidade. *(Redação dada pela Lei n. 10.795, de 5.12.2003)*

Art. 12. Somente poderão ser membros do Conselho Regional os Corretores de Imóveis com inscrição principal na jurisdição há mais de dois anos e que não tenham sido condenados por infração disciplinar.

Art. 13. Os Conselhos Federal e Regionais serão administrados por uma diretoria, eleita dentre os seus membros.

§ 1º A diretoria será composta de um presidente, dois vice-presidentes, dois secretários e dois tesoureiros.

§ 2º Junto aos Conselhos Federal e Regionais funcionará um Conselho Fiscal, composto de três membros, efetivos e suplentes, eleitos dentre os seus membros.

Art. 14. Os membros do Conselho Federal e dos Conselhos Regionais terão mandato de três anos.

Art. 15. A extinção ou perda de mandato de membro do Conselho Federal e dos Conselhos Regionais ocorrerá:

I — por renúncia;

II — por superveniência de causa de que resulte o cancelamento da inscrição;

III — por condenação a pena superior a dois anos, em virtude de sentença transitada em julgado;

IV — por destituição de cargo, função ou emprego, mencionada à prática de ato de improbidade na administração pública ou privada, em virtude de sentença transitada em julgado;

V — por ausência, sem motivo justificado, a três sessões consecutivas ou seis intercaladas em cada ano.

Art 16. Compete ao Conselho Federal:

I — eleger sua diretoria;

II — elaborar e alterar seu regimento;

III — aprovar o relatório anual, o balanço e as contas de sua diretoria, bem como a previsão orçamentária para o exercício seguinte;

IV — criar e extinguir Conselhos Regionais e Sub-regiões, fixando-lhes a sede e jurisdição;

V — baixar normas de ética profissional;

VI — elaborar contrato padrão para os serviços de corretagem de imóveis, de observância obrigatória pelos inscritos;

VII — fixar as multas, anuidades e emolumentos devidos aos Conselhos Regionais;

VIII — decidir as dúvidas suscitadas pelos Conselhos Regionais;

IX — julgar os recursos das decisões dos Conselhos Regionais;

X — elaborar o regimento padrão dos Conselhos Regionais;

XI — homologar o regimento dos Conselhos Regionais;

XII — aprovar o relatório anual, o balanço e as contas dos Conselhos Regionais;

XIII — credenciar representante junto aos Conselhos Regionais, para verificação de irregularidades e pendências acaso existentes;

XIV — intervir temporariamente nos Conselhos Regionais, nomeando diretoria provisória, até que seja regularizada a situação ou, se isso não ocorrer, até o término do mandato:

a) se comprovada irregularidade na administração;

b) se tiver havido atraso injustificado no recolhimento da contribuição;

XV — destituir diretor de Conselho Regional, por ato de improbidade no exercício de suas funções;

XVI — promover diligências, inquéritos ou verificações sobre o funcionamento dos Conselhos Regionais e adotar medidas para sua eficiência e regularidade;

XVII — baixar resoluções e deliberar sobre os casos omissos.

§ 1º Na fixação do valor das anuidades referidas no inciso VII deste artigo, serão observados os seguintes limites máximos: *(Incluído pela Lei n. 10.795, de 5.12.2003)*

I — pessoa física ou firma individual: R$ 285,00 (duzentos e oitenta e cinco reais); *(Incluído pela Lei n. 10.795, de 5.12.2003)*

II — pessoa jurídica, segundo o capital social: *(Incluído pela Lei n. 10.795, de 5.12.2003)*

a) até R$ 25.000,00 (vinte e cinco mil reais): R$ 570,00 (quinhentos e setenta reais); *(Incluído pela Lei n. 10.795, de 5.12.2003)*

b) de R$ 25.001,00 (vinte e cinco mil e um reais) até R$ 50.000,00 (cinquenta mil reais): R$ 712,50 (setecentos e doze reais e cinquenta centavos); *(Incluído pela Lei n. 10.795, de 5.12.2003)*

c) de R$ 50.001,00 (cinquenta mil e um reais) até R$ 75.000,00 (setenta e cinco mil reais): R$ 855,00 (oitocentos e cinquenta e cinco reais); *(Incluído pela Lei n. 10.795, de 5.12.2003)*

d) de R$ 75.001,00 (setenta e cinco mil e um reais) até R$ 100.000,00 (cem mil reais): R$ 997,50 (novecentos e noventa e sete reais e cinquenta centavos); *(Incluído pela Lei n. 10.795, de 5.12.2003)*

e) acima de R$ 100.000,00 (cem mil reais): R$ 1.140,00 (mil, cento e quarenta reais). *(Incluído pela Lei n. 10.795, de 5.12.2003)*

§ 2º Os valores correspondentes aos limites máximos estabelecidos no § 1º deste artigo serão corrigidos anualmente pelo índice oficial de preços ao consumidor. *(Incluído pela Lei n. 10.795, de 5.12.2003)*

Art 17. Compete aos Conselhos Regionais:

I — eleger sua diretoria;

II — aprovar o relatório anual, o balanço e as contas de sua diretoria, bem como a previsão orçamentária para o exercício seguinte, submetendo essa matéria à consideração do Conselho Federal;

III — propor a criação de sub-regiões, em divisões territoriais que tenham um número mínimo de Corretores de Imóveis inscritos, fixado pelo Conselho Federal;

IV — homologar, obedecidas as peculiaridades locais, tabelas de preços de serviços de corretagem para uso dos inscritos, elaboradas e aprovadas pelos sindicatos respectivos;

V — decidir sobre os pedidos de inscrição de Corretor de Imóveis e de pessoas jurídicas;

VI — organizar e manter o registro profissional das pessoas físicas e jurídicas inscritas;

VII — expedir carteiras profissionais e certificados de inscrição;

VIII — impor as sanções previstas nesta lei;

IX — baixar resoluções, no âmbito de sua competência.

Art. 18. Constituem receitas do Conselho Federal:

I — a percentagem de vinte por cento sobre as anuidades e emolumentos arrecadados pelos Conselhos Regionais;

II — a renda patrimonial;

III — as contribuições voluntárias;

IV — as subvenções e dotações orçamentárias.

Art. 19. Constituem receitas de cada Conselho Regional:

I — as anuidades, emolumentos e multas;

II — a renda patrimonial;

III — as contribuições voluntárias;

IV — as subvenções e dotações orçamentárias.

Art. 20. Ao Corretor de Imóveis e à pessoa jurídica inscritos nos órgãos de que trata a presente lei é vedado:

I — prejudicar, por dolo ou culpa, os interesses que lhe forem confiados;

II — auxiliar, ou por qualquer meio facilitar, o exercício da profissão aos não inscritos;

III — anunciar publicamente proposta de transação a que não esteja autorizado através de documento escrito;

IV — fazer anúncio ou impresso relativo à atividade de profissional sem mencionar o número de inscritos;

V — anunciar imóvel loteado ou em condomínio sem mencionar o número de registro do loteamento ou da incorporação no Registro de Imóveis;

VI — violar o sigilo profissional;

VII — negar aos interessados prestação de contas ou recibo de quantias ou documentos que lhe tenham sido entregues a qualquer título;

VIII — violar obrigação legal concernente ao exercício da profissão;

IX — praticar, no exercício da atividade profissional, ato que a lei defina como crime ou contravenção;

X — deixar de pagar contribuição ao Conselho Regional.

Art. 21. Compete ao Conselho Regional aplicar aos Corretores de Imóveis e pessoas jurídicas as seguintes sanções disciplinares;

I — advertência verbal;

II — censura;

III — multa;

IV — suspensão da inscrição, até noventa dias;

V — cancelamento da inscrição, com apreensão da carteira profissional.

§ 1º Na determinação da sanção aplicável, orientar-se-á o Conselho pelas circunstâncias de cada caso, de modo a considerar leve ou grave a falta.

§ 2º A reincidência na mesma falta determinará a agravação da penalidade.

§ 3º A multa poderá ser acumulada com outra penalidade e, na hipótese de reincidência na mesma falta, aplicar-se-á em dobro.

§ 4º A pena de suspensão será anotada na carteira profissional do Corretor de Imóveis ou responsável pela pessoa jurídica e se este não a apresentar para que seja consignada a penalidade, o Conselho Nacional poderá convertê-la em cancelamento da inscrição.

Art. 22. Aos servidores dos Conselhos Federal e Regionais de Corretores de Imóveis aplica-se o regime jurídico das Leis do Trabalho.

Art. 23. Fica assegurado aos Corretores de Imóveis, inscritos nos termos da Lei n. 4.116, de 27 de agosto de 1962, o exercício da profissão, desde que o requeiram conforme o que for estabelecido na regulamentação desta lei.

Art. 24. Esta lei será regulamentada no prazo de trinta dias a partir da sua vigência.

Art. 25. Esta lei entrará em vigor na data da sua publicação.

Art. 26. Revogam-se as disposições em contrário, especialmente a Lei número 4.116, de 27 de agosto de 1962.

Brasília, 12 de maio de 1978; 157º da Independência e 90º da República.

ERNESTO GEISEL

*Arnaldo Prieto*

# 13.2. TABELA REMUNERAÇÃO 2014 CRECISP

## TABELA DE HONORÁRIOS DE CORRETAGEM IMOBILIÁRIA

1° - O Corretor de Imóveis somente poderá anunciar publicamente a intermedição imobiliária, mediante contratação prévia, por escrito e preferencialmente, em caráter de exclusividade (Artigo 726 do Código Civil Brasileiro).
2° - Os documentos necessários para realização do negócio imobiliário serão de responsabilidade do vendedor e do comprador, sendo por eles fornecidos, no que lhes couberem.
Caso seja solicitada ao Corretor de Imóveis a obtenção dos documentos necessários à transação, deverá ele ser reembolsado pelos respectivos gastos e remunerado pelos serviços prestados.
3° - Os convênios firmados para venda de imóveis adjudicados ou não, firmados com Instituições que representem os Corretores de Imóveis, visando a participação de seus inscritos, poderão estabelecer percentuais diversos dos constantes desta Tabela.

**VENDA**
1) Imóveis urbanos..........6% a 8%
2) Imóveis rurais..........6% a 10%
3) Imóveis industriais..........6% a 8%
4) Venda judicial..........5%

Nota 1: Nas permutas, os honorários serão devidos pelos respectivos proprietários a quem estes contrataram, calculado sob o valor de venda de cada imóvel.
Nota 2: Quando a transação envolver diversos imóveis, os honorários serão devidos pelos respectivos proprietários a quem estes contrataram, calculados sobre o valor de venda de cada um dos imóveis.
Nota 3: Nos casos de vendas com transferência de financiamento os honorários serão devidos sobre o total da transação realizada.
Nota 4: Quando a transação imobiliária envolver mais de um corretor, os honorários serão pagos a todos os participantes, em partes iguais, salvo ajuste em contrário, firmado entre os interessados, por escrito.

**LOCAÇÃO**
1)De qualquer espécie e sempre por conta do locador..........Equivalente ao valor de 1(um) aluguel;
2)Locação de temporada ( Lei 8.245/91), com prazo até 90 (noventa) dias ..........30% sobre o valor recebido;

**ADMINISTRAÇÃO DE BENS IMÓVEIS**
Sobre o aluguel e encargos recebidos ..........8% a 10%
Valor mínimo de ..........R$ 50,00
Nota: A administração para clientes cuja carteira imobiliária seja, comprovadamente, superior à R$ 100.000,00 (Cem mil reais)/mês, o percentual será ..........5% a 10%

**EMPREENDIMENTOS IMOBILIÁRIOS**
Venda de empreendimentos imobiliários ..........4% a 6%
Nota: Não estão incluídas nos percentuais acima, as despesas de promoção e publicidade em geral.

**LOTEAMENTOS**
1) Estudo, organização de vendas de áreas loteadas (urbanas), já aprovadas e registradas..........6% a 8%
2) Estudo, organização de vendas de áreas loteadas (rurais), já aprovadas e registradas..........6% a 10%
Nota: Não estão incluídas nos percentuais acima, as despesas de promoção e publicidade em geral, bem como a administração.

**ADMINISTRAÇÃO DE CONDOMÍNIOS**
Sobre o arrecadado pelo condomínio mensalmente..........5% a 10%
Valor mínimo de ..........R$ 850,00

**COMPRA**
Autorização expressa da procura de imóveis..........6% a 8%

**ATIVOS IMOBILIÁRIOS**
Intermediações de cotas de consórcio imobiliário, certificados de recebíveis do SFI e outros..........4% a 6%

**PARECERES**
1) Parecer por escrito quanto à comercialização de imóvel. Sobre o valor apresentado os honorários serão fixados em até.......1%
2) Valor mínimo de parecer por escrito ..........R$ 650,00
3) Parecer verbal quanto a operações imobiliárias.......... À partir do valor de 1(uma) anuidade vigente do CRECI 2ª Região.

A presente tabela deverá ser acatada pelos Corretores de Imóveis, dentro dos percentuais e valores acima estabelecidos, tal como determina o Código de Ética, sendo que nos casos de locação, administração de bens imóveis e administração de condomínios estes índices serão aplicados à partir da renovação dos contratos.

Esta Tabela foi aprovada em Reunião de Diretoria do Sciesp e em Assembléia de 27/01/2009, sendo homologada pelo CRECI da 2ª Região na 24ª Reunião Plenária de 27/01/2009, nos termos do art. 17, IV da Lei 6.530/78, recomendando-se sua divulgação através da fixação em local visível ao público.

São Paulo, 27 de janeiro de 2009.

**ODIL BAUR DE SÁ**
Presidente do Sciesp

**JOSÉ AUGUSTO VIANA NETO**
Presidente do Creci/SP

# 8.2. TABELA REMUNERAÇÃO 2014 CRECISP

# REFERÊNCIAS


BARROS, Alice Monteiro de. *Curso de Direito do Trabalho*. 8. ed. São Paulo: LTr, 2012.

CARRION, Valentin. *Comentários à consolidação das leis do trabalho*. 31. ed. São Paulo: Saraiva, 2006.

CASSAR, Vólia Bomfim. *Direito do Trabalho*. 5. ed. Niterói: Impetus, 2011.

CAVALCANTE, Rodrigo Arantes; VAL, Renata Do. *Manual de iniciação do advogado trabalhista*. São Paulo: LTr, 2012.

COLTRO, Antônio Carlos Mathias. *Contrato de corretagem imobiliária*. 3. ed. São Paulo: Atlas, 2011.

DELGADO, Mauricio Godinho. *Curso de Direito do Trabalho*. 9. ed. São Paulo: LTr, 2010.

LEITE, Carlos Henrique Bezerra. *Curso de direito processual do trabalho*. 11. ed. São Paulo: LTr, 2013.

MARCA, Maurício Machado. *Relação de trabalho*. 1. ed. São Paulo: LTr, 2010.

MARTINS, Sergio Pinto. *Direito do Trabalho*. 23. ed. São Paulo: Atlas, 2007.

________. *Direito processual do trabalho*. 27. ed. São Paulo: Atlas, 2007.

NASCIMENTO, Amauri Mascaro. *Curso de Direito do Trabalho*. 27. ed. São Paulo: Saraiva, 2012.

________. *Iniciação ao Direito do Trabalho*. 33. ed. São Paulo: LTr, 2007.

NUNES, Rizzatto. *Curso de Direito do Consumidor*. 7. ed. São Paulo: Saraiva, 2012.

PASSARELI, Francesco Santoro. *Noções de Direito do Trabalho*. Traduzido por Mazart Victor Russomano e Carlos Alberto Chiarelli. São Paulo: Revista dos Tribunais, 1973.

RODRIGUEZ, Américo Plá. *Princípios de Direito do Trabalho*. São Paulo: LTr, 1994.

SARAIVA, Renato. *Curso de direito processual do trabalho*. São Paulo: Método, 2008.

SCHIAVI, Mauro. *Provas no processo do trabalho*. São Paulo: LTr, 2010.

TEIXEIRA FILHO, Manoel Antonio. *Manual da audiência na justiça do trabalho*. São Paulo: LTr, 2010.


**Sites consultados**


<http://www.trt1.jus.br/>

<http://www.trtsp.jus.br>

<http://www.trt3.jus.br>

<http://www.trt5.jus.br>

<http://www.trt6.jus.br>

<http://www.trt8.jus.br>

<http://www.trt9.jus.br>

<http://www.trt12.jus.br>

<http://www.trt15.jus.br>

<http://www.trtes.jus.br>

<http://www.trt18.jus.br>

<http://www.trt24.jus.br>

<http://www.tj.sp.gov.br>

<http://www.tj.rs.gov.br>

<http://www.syj.jus.br>

<http://www.tst.jus.br>

<http://www.crecisp.gov.br/>

<http://www.planalto.gov.br>

<http://tv.crecisp.gov.br/>

<http://crecirj.wsrun.net/php/noticias/index.php?acao=ler&id=1694&entidade=288130&cabecalhoFrm=noticia_creci_topo&roda>

<http://www.valor.com.br/brasil/1073740/construtoras-respondem-por-taxa-de-corretagem>

<http://www.trt13.jus.br/informe-se/noticias/2012/02/juiz-escreve-artigo-sobre-subordinaassapso-estrutural>

<http://www.priberam.pt>